Inhaltsverzeichnis

Vorwort 4
Resilienz im Schulalltag 6
Zum Umgang mit diesem Buch 10

Kapitel 1
Akzeptanz
Hinweise zum Thema 14
Die Geschichte vom chinesischen Bauern 18
Ich traue meinen Augen kaum 21
Im Energiesparmodus 25
Alles ist im Fluss 29
Der Baum. 32
Die Strichmännchen-Technik 34

Kapitel 2
Optimismus
Hinweise zum Thema 38
Wenn die innere Stimme laut wird . . . 41
Smile-its 43
Was wir wahrnehmen 45
Höhlenmensch bei Instagram 47

Kapitel 3
Selbstwirksamkeit
Hinweise zum Thema 50
Das Kind in mir 53
Mein Krafttier .56
Das Interview .59
SOS-Notfallkärtchen 61
Mein Rettungsring – raus aus dem Stimmungstief. 63
Auf Erfolgskurs 65
Stärkenfinder .67

Kapitel 4
Eigenverantwortung
Hinweise zum Thema 70
Ich denke, ich hatte gar keine andere Wahl. 72
Ich höre auf mein Bauchgefühl 75
Kannst du deinen Gedanken trauen? 78
Steine auf meinem Weg 82

Kapitel 5
Netzwerkorientierung
Hinweise zum Thema 86
Mein soziales Netz 88
Ein Freund für alle Lebenslagen!? 90
Achtsames Zuhören 92
Ich kann vertrauen 94
Liebevolle-Güte-Meditation. 96

Kapitel 6
Lösungs- und Zukunftsorientierung
Hinweise zum Thema 100
Die Lebenstorte 103
Mein Wertekompass. 105
Auf direktem Umweg zum Ziel 107
Mein 30. Geburtstag. 110

Medientipps. 112

Vorwort

Warum sind Sie Lehrer*in[1] geworden?
Schließen Sie für einen Moment die Augen und denken Sie an die Zeit zurück, in der Sie diese Entscheidung für Ihr Leben trafen. Welche **Bilder, Visionen und Hoffnungen** begleiteten Sie dabei? Was wollten Sie Kindern und Jugendlichen wie vorleben und vermitteln, worin wollten Sie sie ermutigen und bestärken? Sicher waren **Ihre Motive individuell unterschiedlich** – und doch haben sie eines gemeinsam: In einem Schulalltag, der für alle Beteiligten Erfahrungen von Leistungs- und Termindruck, sich widersprechenden Erwartungshaltungen, Konflikten, Ängsten und Misserfolgen beinhaltet, geraten sie allzu leicht **aus dem Blickfeld**.

Und doch können wir **unterschiedliche Reaktionen auf diese äußeren Bedingungen** beobachten. Sicher fallen Ihnen Kolleg*innen ein, die ihrer Kraft und Motivation beraubt scheinen, die sich fortwährend über Klassengrößen, Disziplinprobleme, Korrekturstapel oder curriculare Vorgaben beklagen. Verstehen Sie mich bitte nicht falsch: Viele äußere Bedingungen sind alles andere als ideal und Kritik ist an vielen Stellen angebracht. Aber: Es gibt auch Gegenbeispiele im Umgang mit den vorherrschenden Gegebenheiten. Die Kolleg*innen, die **trotz hoher Arbeitsbelastung** gerne eine zusätzliche Aufgabe übernehmen und sie mit Begeisterung und Ideenreichtum umsetzen, die mit **bewundernswerter Zuversicht** auch noch das x-te Fördergespräch führen, um dem jeweiligen Kind vielleicht endlich den nötigen Impuls geben zu können, die effektiv nachbessern, wenn ein Projekt zunächst nicht funktioniert.

Auch wenn Sie mit dem **Begriff „Resilienz"** bislang vielleicht noch nicht viel anfangen können, beobachtet haben Sie die beschriebenen Unterschiede gewiss. Und genau das meint Resilienz: **Wie gehen wir mit den Hindernissen, Herausforderungen und Rückschlägen um, die das Leben immer wieder für uns bereithält?**

---

[1] Der Verlag an der Ruhr legt großen Wert auf eine geschlechtergerechte und inklusive Sprache. Daher nutzen wir das Gendersternchen, um sowohl männliche und weibliche als auch nichtbinäre Geschlechtsidentitäten einzuschließen. Alternativ verwenden wir neutrale Formulierungen. In Texten für Schüler*innen finden sich aus didaktischen Gründen neutrale Begriffe bzw. Doppelformen.

Mareike Penz

RESILIENZ stärken

Mit effektiven Übungen Selbstwirksamkeit und Widerstandsfähigkeit trainieren

Verlag an der Ruhr

Titel

10 Minuten für meine Schüler*innen – Resilienz stärken

Mit effektiven Übungen Selbstwirksamkeit und Widerstandsfähigkeit trainieren

Autorin

Mareike Penz

Umschlagmotive und Innenteil

Bambus © Romolo Tavani, Papierstruktur © srckomkrit – beide stock.adobe.com

Satz

ebene N, Mülheim an der Ruhr

Druck

AZ Druck und Datentechnik GmbH, Kempten, DE

Verlag an der Ruhr
Mülheim an der Ruhr
www.verlagruhr.de

Geeignet für die Klassen 5–10

ISBN 978-3-8346-4850-1

Ich bin davon überzeugt, dass gerade wir Lehrkräfte über **resiliente Eigenschaften** verfügen sollten. Versetzen Sie sich in eine*n Schüler*in hinein: Von welchem der beiden genannten Lehrertypen würden Sie lieber unterrichtet werden? Wie stellen Sie sich die jeweilige Lernatmosphäre vor? Wie gestalten beide die Beziehungen zwischen Lehrkraft und Lerngruppe sowie der Schüler*innen untereinander? Wie gehen beide mit eigenen und fremden Fehlern um?

Nutzen wir die **Gestaltungsmöglichkeiten**, die wir haben, um Schüler*innen einen Rahmen zu bieten, in dem sie **ihr Potenzial** so gut wie möglich entfalten können. Und machen wir uns bewusst, dass wir unseren Schüler*innen die oben beschriebenen **Einstellungen und Herangehensweisen** vermutlich viel **nachhaltiger vermitteln** als die fachlichen Inhalte. Wir werden es nicht schaffen, den Kindern und Jugendlichen ein Leben zu schenken, das sie von jeglichen Drucksituationen, Enttäuschungen oder Misserfolgen abschirmt. Aber sie verdienen eine Schule, in der die sie unterrichtenden Lehrkräfte ihnen sowohl **Resilienz aktiv vorleben** als auch ihre eigene **psychische Widerstandsfähigkeit sukzessive entfalten helfen**, um sie auf ein **selbstbestimmtes Leben** vorzubereiten.

Dabei möchte Ihnen dieses Buch gerne helfen, indem es Ihnen neben **theoretischem Hintergrundwissen** zur Resilienz vor allem auch **abwechslungsreiche, einfach umzusetzende Übungen** an die Hand gibt, mit denen Ihre Schüler*innen **Resilienz fördernde Eigenschaften in sich stärken** können. Da diese Übungen erst dann ihre volle Wirkung entfalten können, wenn sie im Einklang mit dem stehen, was die Schüler*innen im täglichen Umgang mit Ihnen erleben, sind Sie herzlich eingeladen, im Zuge der Lektüre auch **Ihre eigene Resilienz zu hinterfragen** und für sich zu prüfen, welche Eigenschaften Sie selbst noch weiter gedeihen lassen dürfen, sodass Ihre Schüler*innen und Sie selbst gleichermaßen davon profitieren können und Sie sich Ihrer **individuellen Vision von Schule** jeden Tag ein bisschen mehr annähern.

Was ist Resilienz?

Der etwas sperrige Begriff Resilienz stammt ursprünglich **aus dem Lateinischen**: „*resilire*" bedeutet so viel wie **„zurückspringen"**. Besser greifbar wird dieser Begriff, wenn Sie sich **zwei Gummibälle** vorstellen: den ersten farblos, abgewetzt und mit so wenig Luft versehen, dass er plump zu Boden fällt und dort verbleibt. Der zweite Gummiball hingegen ist farbenfroh und prall gefüllt und springt freudig zurück, wenn er auf den Boden geworfen wird. Verbinden Sie in Gedanken einmal die Vorstellung der beiden Bälle mit den Beispielen, die Ihnen gerade bei der Beschreibung der **zwei Arten von Lehrkräften** eingefallen sind.

Doch warum reagieren wir Menschen so unterschiedlich darauf, wenn wir vom Leben bisweilen unsanft zu Boden geworfen werden? Mit eben solchen Fragen beschäftigt sich die **Resilienzforschung**. Als wegweisend gilt hierbei die sogenannte **„Kauai-Studie" von Emmy Werner und ihrem Team**[2], die gemeinsam über einen Zeitraum von 40 Jahren etwa 698 Kinder wissenschaftlich begleiteten. Sie alle waren 1955 auf der zu Hawaii gehörenden Insel Kauai geboren und wuchsen dort unter sozial ungünstigen Bedingungen wie Armut, Gewalterfahrungen, einem bildungsfernen Elternhaus etc. auf.[3] Die Längsschnitt-Studie zeigte, dass etwa zwei Drittel von ihnen im Jugendalter Verhaltensauffälligkeiten, Lernschwierigkeiten und psychische Probleme aufwiesen oder sogar straffällig wurden. Das andere Drittel jedoch entwickelte sich trotz der schwierigen Ausgangslage sehr positiv zu psychisch gesunden, sozial integrierten und erfolgreichen jungen Menschen. Dieses Ergebnis war ein **Katalysator für die Resilienzforschung**, die noch heute der Frage nachgeht, warum manche Menschen über mehr Resilienz verfügen als andere. Wie so oft stellte sich die Frage nach den Einflüssen von Erbgut und Umwelt. Heute geht die Forschung davon aus, dass Resilienz **erlernbar** ist, sieht dies jedoch als einen **lebenslangen, dynamischen Prozess** an. Entscheidend für die Ausbildung von Resilienz sind **personale** (z. B. kognitive Fähigkeiten, Selbstwirksamkeitserwartungen), **familiäre** (z. B. stabile Bindung zu mindestens einer Bezugsperson, gutes Verhältnis der Geschwister untereinander) und **soziale** (z. B. Unterstützungsangebote, Qualität der jeweiligen Bildungseinrichtung) **Ressourcen**. Dies unterstreicht

---

[2] Vgl. Werner, Emmy E.; Jessie M. Bierman; Fern E. French: The Children of Kauai. A longitudinal study from the prenatal period to age ten. University of Hawai'i Press: Honolulu, 1971

[3] Die Insel Kauai veränderte sich infolge des Anschlusses Hawaiis als letzter Bundesstaat der USA in den 1950er-Jahren drastisch: Aussteigerkommunen, Tourismus und Industrialisierung brachten Drogen, Kommerz und Entfremdung der Bewohner*innen mit sich. Infolgedessen hatten viele Familien unter den oben genannten sozial ungünstigen Bedingungen zu kämpfen.

die große Bedeutung von **schulischer Resilienzförderung**. Können Eltern ihrer Aufgabe nur unzureichend nachkommen, können auch Lehrkräfte **die Rolle der Bezugsperson** einnehmen. Sie sind es, die die Kinder und Jugendlichen beim Gebrauch und der Erweiterung ihrer kognitiven Fähigkeiten unterstützen. Sie gestalten **die sozialen Beziehungen** innerhalb der Klassengemeinschaft aktiv mit. Sie leben Kindern eine **Fehlertoleranz, Zuversicht und Zielorientierung** vor. Sie geben ein Beispiel für den **Umgang mit Individualität, Herausforderungen und Akzeptanz**. Vielleicht noch nicht immer, aber auch hier sei der Resilienzfaktor des Optimismus erlaubt. Seien Sie sich Ihrer positiven Einflussmöglichkeiten bewusst!

Dieses Buch möchte Sie nicht nur ermutigen, die **Bedingungen des Schullebens** insgesamt **resilienter zu gestalten**. Ziel ist es vor allem, Ihnen **kurze, praktische und leicht umzusetzende Übungen** an die Hand zu geben, mit denen Sie aktiv die **Ausbildung resilienter Faktoren** Ihrer Schüler*innen unterstützen können. Der Aufbau des Buches folgt dabei den **„7 Schlüsseln der Resilienz"**, wie sie von Prof. Dr. Jutta Heller[4] unterschieden werden:

- ⇨ Akzeptanz (ab S. 13)
- ⇨ Optimismus (ab S. 37)
- ⇨ Selbstwirksamkeit (ab S. 49)
- ⇨ Eigenverantwortung (ab S. 69)
- ⇨ Netzwerkorientierung (ab S. 85)
- ⇨ Lösungsorientierung (ab S. 99)
- ⇨ Zukunftsorientierung (ab S. 99)

Akzeptanz meint die Bereitschaft und die Fähigkeit, unseren inneren Widerstand gegen eine gegenwärtige Situation und ihre Begleiterscheinungen aufzugeben. Gleichzeitig schaffen wir Raum für Gedanken und Gefühle, die bewertungsfrei wahrgenommen und später ggf. hinterfragt werden können. Akzeptanz ist dabei also nicht mit unkritischer und passiver Hinnahme gleichzusetzen, sondern ist vielmehr ein erster Schritt, um unseren Autopiloten auszuschalten und bewusst, im Einklang mit uns selbst, das Ruder zu übernehmen.

---

[4] Vgl. Prof. Dr. Heller, Jutta: Resilienz: 7 Schlüssel für mehr innere Stärke. Gräfe und Unzer Verlag: München, 2013

Ein offener Blick auf die eigenen Gedanken zeigt uns auch, welcher Qualität sie sind. Dabei fällt häufig auf: Eine Vielzahl unserer 60.000 bis 80.000 Gedanken pro Tag ist erschreckend negativ. Zum Glück können wir unser Gehirn durch regelmäßiges Training umprogrammieren – hin zu einem zufriedenen Leben voller **Optimismus**, der uns zu kraftvollen Entscheidungen für unser Leben befähigt.

Eine optimistische Sicht auf das Leben steht in enger Verknüpfung mit der Einschätzung der eigenen **Selbstwirksamkeit**. Haben wir in unserem bisherigen Leben „gelernt", dass wir auf den Gang der Ereignisse kaum oder gar keinen Einfluss nehmen können, fühlen wir uns häufig als Opfer der äußeren Umstände. Wer sich als Spielball des Lebens wahrnimmt, sieht keinen Sinn darin, Kraft aufzuwenden, um kraftvoll nach oben zu springen. Eine Stärkung der Selbstwirksamkeit setzt daher bei der Erfahrung an, selbst Einfluss auf sein Leben nehmen zu können. Hierfür ist insbesondere die Bewusstmachung bisheriger Erfolge und der dabei genutzten Kompetenzen und Strategien essenziell.

Die Erkenntnis über den mächtigen Einfluss auf das eigene Leben bringt Verantwortung mit sich. Denn wir verstehen, dass wir immer eine Wahl haben, wie wir einer Situation begegnen. Und auch wenn es sich vielleicht bequemer anfühlt, in der vertrauten Opferhaltung zu verharren, beginnen wir zunehmend **Eigenverantwortung** zu übernehmen, wodurch wir immer mehr an eigener Stärke gewinnen.

Doch zum Glück müssen wir ja gar nicht immer alles allein schaffen, auch wenn wir das häufig denken. Resiliente Menschen wissen das und nutzen die Ressourcen ihrer **Netzwerke**, etwa des eigenen Freundeskreises oder in Form von Unterstützungssystemen wie Beratungsstellen. Neben der allgemeinen Bereitschaft, sich helfen zu lassen, steht hierbei auch die Fähigkeit im Vordergrund, Beziehungen positiv zu gestalten.

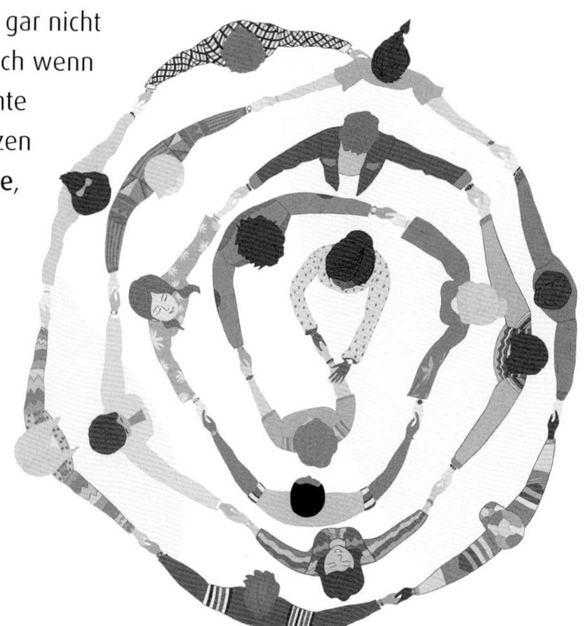

Durch die zuvor genannten Schlüssel gestärkt, fallen auch die letzten beiden leicht: Wenn wir unser Gehirn weitgehend auf optimistische Gedanken umprogrammiert haben und verstehen, dass wir selbst für die Gestaltung unseres eigenen Lebens verantwortlich sind sowie darauf vertrauen, über die nötigen individuellen und gemeinschaftlichen Ressourcen zu verfügen, ändert sich auch unsere innere Ausrichtung dahingehend, dass wir langfristig ein Leben nach unseren Vorstellungen kreieren möchten. Und genau das bedeuten die beiden Schlüssel **Lösungsorientierung** und **Zukunftsorientierung**.

Entstehen vor Ihren Augen gerade auch Bilder von Schüler*innen, die von einem achselzuckenden *„Ich weiß nicht, was ich werden will…"* zu jungen Menschen werden, die, ausgestattet mit Vertrauen in sich und die Welt, mit Vorfreude einem Leben voller wunderbarer Gestaltungsmöglichkeiten entgegensehen?

Zum Umgang mit diesem Buch

Intention des vorliegenden Buches ist es, schrittweise ein **Verständnis** für Resilienz fördernde Eigenschaften zu entwickeln und **praktische Übungsmöglichkeiten im Unterricht** aufzuzeigen. Der jeweils vorangestellte, **einleitende Teil** in jedem Kapitel wendet sich daher an Sie als Lehrperson, um Ihnen die **Bedeutung der Resilienzfaktoren** auch für Ihr eigenes Leben aufzuzeigen. Denken Sie an die Sicherheitshinweise im Flugzeug: Wir sind nur im ersten Moment überrascht von der Aufforderung, erst uns selbst die Sauerstoffmasken aufzusetzen, bevor wir anderen helfen können. So ist es auch mit Resilienz: Fühlen Sie zunächst selbst hinein und seien Sie ehrlich, an welchen Stellen Sie noch wachsen dürfen. Umso besser können Sie die Übungen dieses Buches mit Ihren Schüler*innen nutzen.

Bei der **Auswahl** der Übungen stehen neben der einfachen und spontanen Umsetzbarkeit vor allem **Nutzen, Spaß und Abwechslung** für unterschiedliche Lern- und Menschentypen. Sie sind darauf ausgelegt, **ohne große Vorbereitung oder Materialerstellung** eingesetzt werden zu können, um geschenkte Zeitfenster gewinnbringend gestalten zu können.

Hinweis

Machen Sie sich bewusst, dass nicht alle Kinder und Jugendlichen mit den behandelten Inhalten vertraut sind.

Gerade **wenig resiliente Schüler*innen** und allgemein pubertierende Jugendliche kann eine Auseinandersetzung mit **Themen der Persönlichkeitsentwicklung** herausfordern. Sie sind es nicht gewohnt, in sich hineinzuhorchen, was teilweise auch Erwachsene Mut kostet, zumal wir spätestens seit der Verbreitung von Smartphones diese Momente des Innehaltens kaum noch kennen. Es kann daher schwer für sie sein, stille Phasen auszuhalten oder aber auch persönliche Erfahrungen und Wünsche mit den anderen zu teilen. Deshalb möchte ich Ihnen nahelegen, **mögliche Widerstände bei der Umsetzung** der Anregungen in diesem Buch zu beherzigen: Überlegen Sie vorab, wie Sie mit den Übungen umgehen möchten, und wählen Sie sie auch auf Grundlage dessen aus. Behalten Sie dabei auch die **gegenwärtige Bedürfnislage der Schüler*innen** im Blick: Ist die Klasse z. B. durch einen zuvor eskalierten Konflikt noch voller Adrenalin, wählen Sie besser eine Übung aus, die Bewegung oder Kommunikation ermöglicht anstatt einer Meditation.

Manche Übungen lassen sich sicher auch „einfach so" zwischendurch durchführen. Geht es Ihnen um eine **langfristigere Arbeit an der Resilienz** Ihrer Schüler*innen, ist es jedoch empfehlenswert, die Lerngruppe darüber in angemessener Form zu informieren. Dabei denke ich sicherlich nicht an einen theoretischen Vortrag über Resilienz. Meine Erfahrung ist aber die, dass Kinder und Jugendliche sich **Neuem leichter öffnen** können, wenn wir sie **transparent mitnehmen**. Was spricht dagegen, Ihrer Lerngruppe zu sagen, dass Sie – etwa inspiriert durch dieses Buch – Lust auf ein Experiment gewonnen haben? Nutzen Sie etwa das Bild von den beiden Gummibällen und sagen Sie Ihren Schüler*innen ehrlich, dass Ihnen etwas an ihrer Entwicklung liegt und Sie ihnen nicht „nur" fachliche Inhalte vermitteln möchten.

Experimente machen neugierig und bringen alle Beteiligten auf Augenhöhe, was auch offene Gespräche erleichtert. Überlegen Sie (ggf. nach einer ersten Übung) gemeinsam, welche Bedingungen erfüllt sein müssen, damit sich alle möglichst gut **auf diese Experimentierphase einlassen** können. Einigen Sie sich gemeinsam auf **positiv formulierte Regeln**, etwa: *„Wir hören uns gegenseitig zu und nehmen einander ernst"* oder: *„Das, was in diesen Phasen besprochen wird, bleibt in diesem Raum"* oder: *„Wir verhalten uns so, dass jede*r diese Phasen ungestört nutzen kann"*. Überlegen Sie auch, was passieren soll, wenn jemand gegen diese Vereinbarungen wiederholt verstößt. (Idealerweise sollte die „Sanktion" der Klassengemeinschaft zugutekommen und kann beispielsweise auch einfach aus einem Witz bestehen, mit dem die anderen erheitert werden.)

Denken Sie daran, dass es Ihnen hier nicht um Disziplin, sondern um das Schaffen eines **sicheren Rahmens** für die **Stärkung der psychischen Widerstandsfähigkeit** Ihrer Schützlinge geht.

Thematisieren Sie in diesem Zusammenhang auch **„Fluchtwege"**. Was können Ihre Schüler*innen tun, wenn sie sich zu diesem Zeitpunkt **nicht auf eine Übung einlassen** können oder wollen? Ermöglichen Sie es ihnen beispielsweise, sich einfach eine kleine Ruhephase zu gönnen, indem sie ihren Kopf auf die Arme legen und die Augen schließen. Es sollte nur klar werden, was Sie von den betreffenden Schüler*innen während dieser Phase erwarten, z. B. sich so ruhig zu verhalten, dass niemand gestört wird.

Die Übungen in diesem Buch sind bewusst so ausgewählt, dass Sie sie möglichst **spontan und ohne viel Aufwand bzw. Vorbereitung** umsetzen können. Wenn nicht anders angegeben, können Sie die Übungen im regulären Klassenzimmer durchführen. Wenn Ihr Klassenzimmer über die nötige technische Ausstattung verfügt, können Sie optional Entspannungsmusik Ihrer Wahl abspielen, jedoch ist dies bei den meisten Übungen nicht notwendig. Viele Übungen lassen sich weiter vertiefen, wenn beispielsweise mehr Zeit zur Verfügung stehen sollte. Entsprechende Vorschläge finden Sie in den Hinweisen zur Durchführung der einzelnen Übungen.

Ich wünsche Ihnen ganz viel Freude beim gemeinsamen Experimentieren mit Ihren Schüler*innen. Folgen Sie nicht notwendigerweise der Chronologie dieses Buches, sondern suchen Sie sich aus, was Ihnen für Ihre jeweilige Lerngruppe gerade bedeutsam erscheint. Aus meiner Erfahrung kann ich Ihnen rückmelden, dass meine Klasse regelmäßig nach Phasen dieser Art oder auch nach konkreten Übungen fragt, was mich immer ganz besonders freut.

Genießen Sie es, viel über sich und Ihre Schüler*innen in Erfahrung zu bringen und gemeinsam zu wachsen.

Mareike Penz

AKZEPTANZ

Hinweise zum Thema

„Das Leben ist kein Wunschkonzert!“, sagte mein Vater früher häufig, wenn etwas nicht so lief, wie ich es mir gewünscht hätte. Wir alle kennen solche **Erfahrungen oder Bedingungen**, die uns widerstreben. Auch unsere Schüler*innen werden hin und wieder vor schmerzhafte Tatsachen gestellt, denn niemand fragt sie, ob sie Grammatik lernen wollen oder ob sie mit der Scheidung ihrer Eltern einverstanden sind. Der erste Impuls ist bei uns allen gleich: Wir wollen „das“ so nicht und gehen in den **Widerstand**. Vielleicht verdrängen wir, vielleicht lehnen wir uns auf, oder vielleicht resignieren wir auch. Vergangenes lassen wir nicht ruhen, sondern das **Gedankenkarussell** rast vermeintlich unaufhaltsam. Immer wieder gehen wir den Streit mit der Freundin durch oder spielen alternative Szenarien durch (*„Was wäre gewesen, wenn …?“*, *„Ach, hätte ich doch nur (nicht) …!“*). Denken Sie lieber: ***„Geschehen ist geschehen!“*** oder: *„Dann ist das jetzt so!“*. Vermitteln Sie dies auch hadernden Schüler*innen und suchen Sie gemeinsam nach einem möglichst **guten Umgang** mit der **herausfordernden Situation**.

Die Wahrheit ist: Je stärker wir in den Widerstand gehen, desto kräftezehrender und unangenehmer wird es für uns. Dabei heißt Akzeptanz gar nicht, dass wir Dinge gutheißen. Niemand verlangt von uns, ein*e Befürworter*in von zentralen Prüfungen, von großen Klassen, von Hausaufgaben oder von der neuen Mathelehrerin zu werden. Akzeptanz heißt vielmehr, den **Kampf aufzugeben** und in gelassener Verfassung einen **realistischen Blick auf die Situation** zu werfen. Zum einen bekommen wir so die Möglichkeit, unsere automatisierten **Bewertungen zu hinterfragen**. Denn bewusst oder unbewusst bewerten wir alles, was wir wahrnehmen, und geben eigentlich neutralen Situationen oder Gegenständen so eine Bedeutung. Die unordentliche Hausaufgabe „zeigt“ uns, dass ein Kind keine Lust hatte. Wir fühlen uns und unser Fach nicht ernst genommen. (Dabei drängelte im Hintergrund vielleicht die Mutter wegen eines Arzttermins, aber der Sohn wollte „unsere“ Hausaufgabe unbedingt anfertigen!) Die zusätzliche Pausenaufsicht empfinden wir als Zumutung, weil wir doch sowieso schon so überlastet sind, aber das sieht ja niemand und mit uns kann man es ja machen. (Vielleicht „zwingt“ die Pause uns zum Durchatmen und bewahrt uns vor dem lauten Lehrerzimmer, in dem uns die anstrengende Kollegin zu gerne ihr Leid geklagt hätte?)

Sich der eigenen, **automatisierten Bewertungen** gewahr zu werden, zählt zu den mächtigsten Schritten, die Sie gehen können. Fragen Sie sich und Ihre Schüler*innen: *„Gibt es auch* ***andere Interpretationsmöglichkeiten****?“*, *„Wie kann ich damit sein?“*, *„Warum ist es mir so wichtig?“* oder: *„Was brauche ich, um besser mit der Situation umgehen zu können?“*.

Zugegeben: In manchen Situationen mag uns dies leichter fallen als in anderen. An der schweren Krankheit eines Kindes aus Ihrer Klasse lässt sich schwerlich etwas Positives finden. (Auch wenn Krisen rückblickend meist die Phasen in unserem Leben sind, in denen wir am meisten wachsen.)
Hier umfasst Akzeptanz die **Bewusstmachung**, dass eine Situation nun mal so ist, wie sie ist. Fragen Sie sich: *„Was bedeutet das jetzt genau? Welche Folgen hat dies konkret?“* Nehmen Sie die **unangenehmen Gefühle**, die damit einhergehen, bewusst wahr. Oft fällt es uns schwer, dies auch bei anderen auszuhalten. Dabei helfen Sie Ihren Schüler*innen besonders, wenn Sie ihnen Raum geben, auch einmal intensiv in sich hineinzuspüren, während Sie ihnen durch Ihre Begleitung ein Gefühl von Sicherheit vermitteln. Fragen Sie: *„Was fühlst du? Wo genau?... Und verändert sich etwas, wenn du jetzt so in dich hineinspürst?“*

„E-Motionen“ sind genau das, was der Begriff aussagt: **Gefühle in Bewegung**. Wenn wir an ihnen nicht festhalten, ziehen sie weiter. Was uns an Emotionen jedoch häufig lange festhalten lässt, sind die Geschichten, die wir uns dazu erzählen.

Außerdem haben wir oft den Eindruck, wir stünden mit einem Problem oder einer Erfahrung allein dar. Sehr hilfreich ist es daher, **eine Situation zu relativieren**, ohne die Bedeutung kleinzureden: *„Auch andere Schüler*innen haben Absagen auf ihre Bewerbungen erhalten. Du bist damit nicht allein.“*

Helfen Sie Ihren Schüler*innen, wenn sie zu sehr in ein Schwarz-Weiß-Denken rutschen, indem Sie z. B. fragen: *„Ist das wirklich so? Mag dich wirklich niemand?“* Wenn wir gerade mitten in unserem „Drama“ stecken, überschätzen wir häufig seine Bedeutung. Fragen Sie deshalb: *„Ist es wirklich so schlimm? Ist es die Sache wert, dass du dich jetzt so aufregst?“* Hilfreich ist die folgende Faustregel: *„Wenn es in fünf Jahren nicht mehr schlimm oder wichtig ist, dann reg dich jetzt höchstens fünf Minuten darüber auf.“* Damit relativieren Sie die emotionale Erfahrung, geben ihr aber gleichzeitig Raum.

Suchen Sie außerdem gezielt nach **Ressourcen** und fragen Sie konkret nach: *„Was hat dir denn in der Vergangenheit schon bei Prüfungsangst geholfen?"* und erkundigen Sie sich, ob der*die Schüler*in gerne Ratschläge von den Mitschüler*innen und Ihnen hätte: *„Prüfungsangst kennen wir fast alle. Würde es dir helfen, wenn wir gemeinsam mal an der Tafel sammeln, was uns dabei schon geholfen hat?"*
Gerade Kindern und Jugendlichen fällt es häufig schwer, **den eigenen Einflussbereich realistisch einzuschätzen**. Sie fühlen sich ausgeliefert, wo sie es nicht sind, oder kämpfen gegen Umstände, die die **Grenzen ihres Einflussbereiches** überschreiten. Unterstützen Sie sie deshalb bei ihrer Einschätzung.

In der Küche meiner Eltern hing ein eher kitschig anmutender Teller mit einem **Gebet von Reinhold Niebuhr**, auf das sich zahllose hilfreiche Ratschläge meiner Mutter bezogen und das hoffentlich auch Ihnen zu mehr Akzeptanz verhelfen kann:

„Gott gebe mir die Gelassenheit, Dinge hinzunehmen,
die ich nicht ändern kann, den Mut, Dinge zu ändern,
die ich ändern kann, und die Weisheit,
das eine vom anderen zu unterscheiden."[5]

Das Gelassenheitsgebet bringt die **erste Säule für ein resilientes Leben** wunderbar auf den Punkt, indem es den Wunsch formuliert, **den inneren Widerstand** und den **blinden Kampf** aufzugeben und stattdessen den **eigenen Verantwortungsbereich** auszuloten: Entzieht sich eine Situation meinem Einfluss? Dann sollte ich sie hinnehmen. (*„Wie kann ich damit sein? Möge ich einen guten Umgang damit finden!"*) Kann ich die Situation verändern? Dann ermutigt uns das Gebet zum Handeln. (*„Was möchte ich erreichen? Was kann mir dabei helfen?"*)

Der letzte Teil des Gebetes weist uns darauf hin, dass eine **Unterscheidung nicht immer einfach** ist. Aber: Diese Fähigkeit lässt sich **stärken und entwickeln** – und das folgende Kapitel zeigt Ihnen Möglichkeiten auf, diesen Weg für sich selbst, aber auch für Ihre Schüler*innen zu ebnen.

---

[5] Das englische Original-Zitat von Reinhold Niebuhr lautet: *„God, give us grace to accept with serenity the things that cannot be changed, courage to change the things which should be changed, and the wisdom to distinguish the one from the other."* Deutsche Übersetzung: Oetinger, Friedrich in: Partnerschaft: Die Aufgabe der politischen Erziehung, Metzler: Stuttgart, 1956

Für Schüler*innen ist die Erfahrung wichtig, dass ihre Leistungen bzw. Fehler nicht Teil ihrer selbst sind. Reagieren Sie auf abwertende Selbstaussagen, wie: *„Ich bin zu dumm für Latein"* oder: *„Ich bin ein Trampel"*, indem Sie diese so umformulieren, dass die Kausalkette unterbrochen wird. Lassen Sie die Schüler*innen die neue Version nachsprechen: *„Ich bin wunderbar – und ich kann die Vokabeln noch nicht richtig"* oder: *„Ich bin wunderbar – und mir ist die Flasche aus der Hand gefallen"*. Ihre Schüler*innen werden anerkennen, wenn Sie dies mit einem Augenzwinkern auch auf sich selbst anwenden: „Ich bin wunderbar – und ich habe eure Tests auf dem Schreibtisch liegen lassen." So lernen Ihre Schüler*innen einen wohlwollenden, gutheißenden Umgang mit eigenen und fremden Schwächen und Fehlern.

Die Geschichte vom chinesischen Bauern

Material
- ✓ Ein kleiner Ball (z. B. Tennisball)
- ✓ Für die Erweiterung: ein Blatt weißes Papier (DIN A4), eine Schere und Buntstifte für jede*n Schüler*in, ggf. ein Zirkel

Zielsetzung und Einsatzmöglichkeiten
- ✓ Bewusstmachung automatischer Bewertungen
- ✓ Vermittlung einer bewertungsfreien Annahme von Situationen als Vorstufe zu mehr Gelassenheit
- ✓ Rückblickende Wertschätzung eigener, vermeintlich unglücklicher Situationen durch Erkenntnis ihres unerwarteten Potenzials

Vorbereitung Es ist keine Vorbereitung notwendig.

Hinführung Lesen Sie den Schüler*innen die Geschichte vom chinesischen Bauern vor:

Einst lebte in Bohaizhen [...] ein armer Bauer, der besaß nur einen kleinen Acker und ein Pferd. Eines Tages lief das Pferd davon, in die Berge, und kam nicht mehr zurück. Die Nachbarn des Bauern sagten: *„Welch ein Unglück – das einzige Pferd!"* Sie bemitleideten den Alten und versuchten, ihn zu trösten. Doch der Bauer lächelte und sagte nur: *„Wer weiß schon, was der Himmel will?"*
Die Nachbarn flüsterten: *„Der Arme weiß gar nicht, was das für ihn bedeutet. Vielleicht ist er einfältig."*
Einige Monate später kam das Pferd mit einem Fohlen und einem Gefährten zurück. Nun hatte der Bauer mit einem Mal drei Pferde statt nur des einen. Die Nachbarn des Bauern freuten sich: *„Welch ein großes Glück! Der Himmel meint es gut mit dir!"*
Doch der Bauer sagte nur: *„Wer weiß schon, was der Himmel will?"*
Die Nachbarn wunderten sich sehr und flüsterten: *„Der Einfältige weiß gar nicht, was für ein Glück er hat. Welche Verschwendung!"*

Jetzt hatte der Bauer also drei Pferde. Das Fohlen wuchs schnell heran, und es wurde Zeit, dass es zugeritten wurde. Der Sohn des Bauern war ein guter Reiter, doch als das junge Pferd bockte, fiel er und brach sich ein Bein. Der Bruch wuchs ein wenig schief zusammen, sodass der Sohn fortan hinkte.
Die Nachbarn des Bauern bemitleideten ihn: *„Du Armer! Welch ein Unglück, dein einziger Sohn ist nun ein Krüppel und kann dir nicht mehr auf dem Feld helfen!"*
Doch der Bauer sagte nur: *„Wer weiß schon, was der Himmel will?"*
Die Nachbarn schüttelten die Köpfe und sprachen unter sich: *„In seiner Einfalt begreift er wohl nicht, welch schlimmes Los ihn getroffen hat!"*
Kurz darauf kamen die Soldaten des Kaisers in das Dorf. Ein Krieg stand bevor und alle jungen Männer des Dorfes wurden gemustert und mussten in den Krieg ziehen. Der Sohn des Bauern jedoch war wegen seines Beines nicht für den Krieg tauglich und durfte bleiben. Die Nachbarn, deren Söhne mit den Soldaten ziehen mussten, beneideten den Bauern. *„Welch ein Glück! Dein Sohn kann bei dir bleiben und du musst dich nicht sorgen, dass er im Krieg umkommt!"*
Doch der Bauer lächelte und sagte nur:
„Wer weiß schon, was der Himmel will?" [...]

Illustration: © Canicula – Shutterstock.com

Quelle: Schweppe, Ronald; Long, Aljosha: Füttere den weißen Wolf: Weisheitsgeschichten, die glücklich machen, Kösel-Verlag: München, 2016, S. 165 f.

Durchführung Bitten Sie die Schüler*innen, ihre Gedanken zu dieser Geschichte auszusprechen. Erwartbar ist eine Verwunderung über die Gelassenheit des Bauern und die Unvorhersehbarkeit des Schicksals.

Entwickeln Sie mit der Klasse eine vergleichbare Geschichte. Geben Sie den folgenden (oder einen anderen) Anfang vor: *„Es war einmal ein Schüler. Er war 12 Jahre alt. Eines Tages teilten seine Eltern ihm mit, dass der Vater ein Job-Angebot in einer anderen Stadt annehmen und die Familie deshalb in einem Monat umziehen werde ... Doch ob das Glück oder Unglück ist, wer weiß das schon?"*

Werfen Sie nun einem Kind den Ball zu und bitten Sie es, diese Geschichte ein Stück weiterzuerzählen. Ziel ist es, gemeinsam mit den Schüler*innen Stück für Stück eine Geschichte mit diversen Wendungen zu entwickeln – ähnlich der Erzählung vom chinesischen Bauern.

Als Erweiterung können Sie die Schüler*innen eine Medaille aus Papier basteln lassen, die farbig gestaltet werden kann und auf der einen Seite mit „Glück?", auf der anderen „Unglück?" beschriftet wird. Diese Medaille kann Ihre Schüler*innen zukünftig an die Geschichte vom armen Bauern erinnern und daran, dass alles seine zwei Seiten hat.

Optionale Kurzreflexion

- Wie viele von euch haben bisher eher wie die Nachbarn des Bauern gedacht? Wie viele von euch eher wie der Bauer? Warum fällt es uns oft so schwer, auf eine Situation wie der Bauer zu reagieren?
- Gab es in eurem Leben schon mal Erfahrungen, in denen ihr dachtet, eine Entwicklung sei negativ und sie hat sich später als großes Glück oder eine Chance herausgestellt? Welche Situationen waren das?

Helfen Sie Ihren Schüler*innen gegebenenfalls mit einem Beispiel aus Ihrer Lebensbiografie, z. B. dass Sie früher traurig waren, einen bestimmten Studienplatz nicht erhalten zu haben und Sie heute froh darüber sind, weil Sie Ihren Beruf lieben.

Ich traue meinen Augen kaum ...

Material

- ✓ Kopiervorlage 1 als vergrößerter Ausdruck oder Folie (siehe S. 24)
- ✓ Ein Blatt weißes Papier (DIN A4), Stifte in zwei Farben sowie Zirkel oder statt des Zirkels je drei verschieden große Münzen für jede*n Schüler*in

Zielsetzung und Einsatzmöglichkeiten

- ✓ Bewusstmachung der Individualität der Wahrnehmung
- ✓ Öffnung zur Hinterfragung bisheriger eigener Überzeugungen
- ✓ Stärkung der Bereitschaft, Standpunkte anderer zu akzeptieren

Vorbereitung

- ⇨ Das Bild sollte so vorliegen, dass eine angemessene Sichtbarkeit (z. B. durch Projektion) für alle gewährleistet ist. Vergrößern Sie es daher ggf.
- ⇨ Vermeiden Sie zunächst den Begriff der „optischen Täuschung".

Hinführung

Bitten Sie die Schüler*innen, die Anzahl der Balken zu benennen: *„Wie viele Balken kannst du auf dem Bild erkennen?"* Lassen Sie alle Äußerungen zu, ohne sie zu kommentieren.

Durchführung

Lösen Sie, falls noch nicht durch einen Zwischenruf seitens der Schüler*innen geschehen, auf, dass hier eine optische Täuschung vorliegt und zwei Sichtweisen möglich sind, sodass wir je nach Betrachtung entweder sieben oder fünf Balken wahrnehmen können.
Wiederholen Sie Ihre Frage: *„Wie viele Balken sind es denn nun?"*
Sicherlich wird Einigkeit darüber bestehen, dass es keine eindeutige Antwort gibt bzw. unterschiedliche Lösungen richtig sind.

Stellen Sie nun Aussagen wie *„Fußball ist langweilig"* oder *„Mathe ist schwer"* in den Raum. Die Schüler*innen werden durch die vorherige Erfahrung mit der optischen Täuschung sicher darauf verweisen, dass unterschiedliche Sichtweisen möglich sind. Überlegen Sie gemeinsam, wie es dazu kommt und sammeln Sie mögliche Filter, durch die unsere Wahrnehmung bestimmt wird (z.B. Vorerfahrungen, Alter, Talente, Neigungen etc.). Sie können diese mit der Überschrift: *„Durch welche Filter sehen wir die Welt?"* an der Tafel festhalten.

Zur Vertiefung dieser Erkenntnisse stellen die Schüler*innen selbst eine optische Täuschung her. Schnell und leicht erfolgt dies wie im Beispiel unten, indem die Schüler*innen drei Münzen unterschiedlicher Größen als Schablone verwenden oder die Kreise wahlweise mit dem Zirkel zeichnen. Ein Ausmalen kann ggf. auch zu Hause erfolgen. Die mittleren Kreise sind jeweils gleich groß!

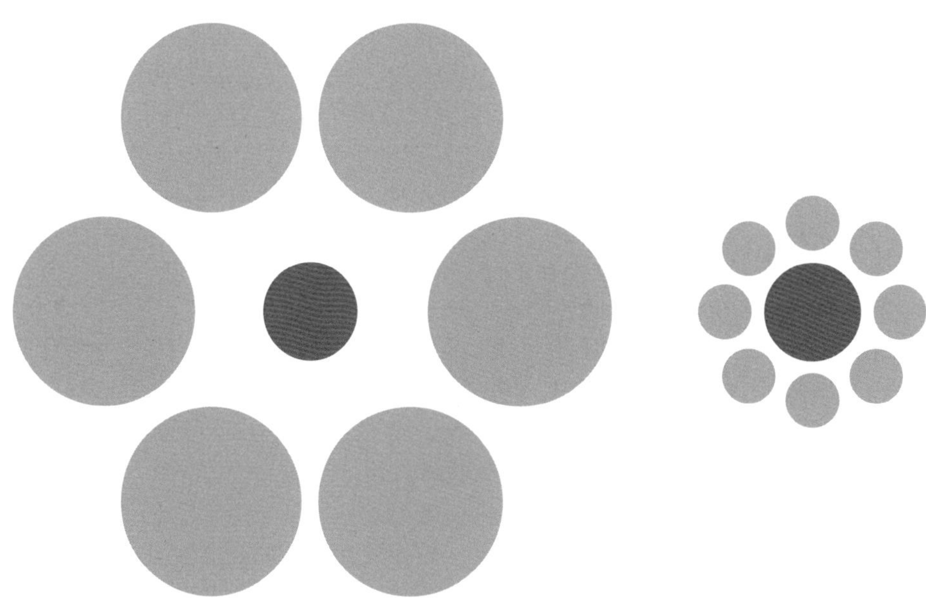

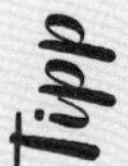

Ermuntern Sie die Schüler*innen dazu, die von ihnen angefertigte optische Täuschung auch anderen Menschen zu zeigen und sie zu fragen, welchen Kreis sie als größer erachten. So vertiefen die Schüler*innen ihre Erkenntnisse über die Manipulierbarkeit und Subjektivität unserer Wahrnehmung.

Optionale Kurzreflexion

- ⇨ Was hast du heute über deine Wahrnehmung gelernt?
- ⇨ In welchen Situationen kann dir diese Übung helfen?
- ⇨ Was kannst du in Zukunft denken, wenn jemand eine andere Ansicht vertritt als du?
- ⇨ Welches Fazit in Bezug auf unsere eigene Wahrnehmung können wir daraus ziehen? (*„Glaube nicht alles, was du denkst.“*)

Ich traue meinen Augen kaum ...

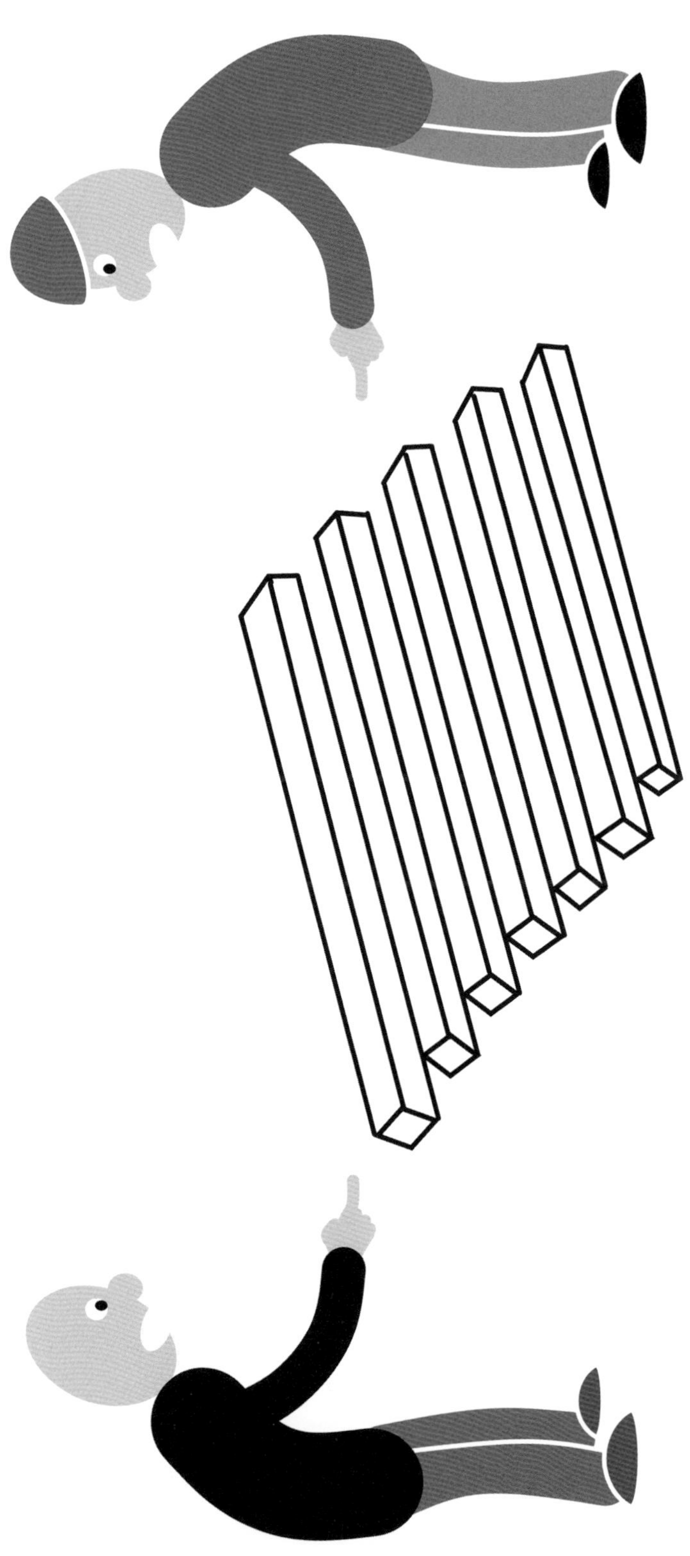

Im Energiesparmodus

Material
- ✓ Fünf Münzen mit dem gleichen Wert (ggf. Spielgeld) und eine Spardose
- ✓ Für die Vertiefung: ein Blatt Schreibpapier (DIN A4) und ein Stift für jede*n Schüler*in

Zielsetzung und Einsatzmöglichkeiten
- ✓ Bewusstmachung des inneren Widerstandes sowie dessen Energieverbrauchs
- ✓ Einsicht in die eingesparte Energie durch bewertungsfreie Akzeptanz
- ✓ Vermittlung von Strategien zum Umschalten in bewertungsfreie Akzeptanz

Vorbereitung Es ist keine Vorbereitung notwendig.

Hinführung Teilen Sie den Schüler*innen mit, dass Sie ihnen eine Geschichte vorlesen werden. In dieser Geschichte geht es um ein Mädchen, das sich ärgert. Bestimmen Sie ein*en Schüler*in, der*die jedes Mal, wenn sich das Mädchen in der Geschichte ärgert, eine der Münzen in die (Spar-)Dose werfen soll.

Durchführung Lesen Sie nun die folgende Geschichte vor. Die Stellen, in denen eine Münze eingeworfen werden kann, sind durch den Hinweis (Münze) markiert. Sie können gerade jüngeren Schüler*innen ggf. durch eine Lesepause oder einen aufmunternden Blick dabei helfen, diese Stellen zu bemerken.

Natalie sitzt in ihrem Zimmer und schaut aus dem Fenster. Dicke Regentropfen prasseln seit Stunden an die Fensterscheibe und in der Ferne ist ein Donnergrollen zu vernehmen. Natalie gibt ein verächtliches Schnauben von sich: *„Blödes Wetter! Muss es ausgerechnet heute regnen?!“*, grummelt sie. (1. Münze)

Eigentlich wollte Natalie heute mit ihrer Mutter in die Stadt fahren, ein paar neue Sommersachen und Schuhe kaufen und anschließend mit ihr in der Eisdiele an der Promenade ein Eis essen. Die beiden haben es sich so schön ausgemalt, wie sie den Mutter-Tochter-Tag bei strahlendem Sonnenschein in der Stadt genießen, quatschen und es sich bei einem Eis gut gehen lassen. Wütend tritt Natalie gegen den Rucksack, der in ihrem Zimmer steht. (2. Münze)

Ihre Mutter scheint das gehört zu haben, denn sie steckt ihren Kopf durch die Tür und sieht Natalie freundlich an. Natalie wirft ihr hingegen einen finsteren Blick zu: *„Lass mich in Ruhe! Ich habe mich so auf diesen Tag gefreut. Und jetzt muss ich mich hier zu Hause langweilen. Die neuen Sommersachen kann ich mir jetzt wohl auch abschminken."* (3. Münze)

Die Mutter entgegnet: *„Ach, Natalie, ich kann doch auch nichts dafür, dass das Wetter heute viel schlechter ist als vorhergesagt. Was hältst du davon, wenn wir stattdessen…"* Aber Natalie hört nicht mehr, was ihre Mutter ihr vorschlagen will, denn sie knallt in dem Moment die Tür ganz laut zu. (4. Münze)

Mit zusammengekniffenen Augen steht sie vor dem geöffneten Kleiderschrank und sagt zu sich selbst: *„Tschüss neues Sommerkleid! Na, dann trage ich halt die alten T-Shirts weiter. Macht ja nichts, dass sie total verwaschen und zu eng geworden sind. Es interessiert sowieso keinen, was ich anhabe."* (5. Münze)

Lassen Sie die Schüler*innen zunächst kurz Natalies Situation zusammenfassen. Rekonstruieren Sie dann gemeinsam, wie Natalie die fünf Münzen „ausgegeben" hat.
Bitten Sie die Schüler*innen anschließend um eine Einschätzung, ob die fünf Münzen von Natalie gut „angelegt" wurden. Die Klasse wird sinngemäß rückmelden, dass es sinnlos ist, sich gegen unabänderliche Situationen zu wehren, und dass sich Natalie letztlich nur selbst schadet, weil sie in ihrer schlechten Laune bleibt. Sie erlaubt auch keinen positiven

Fortgang der Situation, da sie den Vorschlag der Mutter frech unterbricht und stattdessen ihre Kleidungsstücke im Schrank betrachtet, die ihre schlechte Laune weiter anheizen. Lassen Sie dabei auch benennen, inwiefern Natalie in der Situation „bezahlt", denn die Münzen stehen im übertragenen Sinne für verschwendete Energie, Gelegenheiten und Lebensfreude.
Überlegen Sie zusammen mit den Schüler*innen, was Natalie stattdessen hätte denken können. Hierbei können Sie sich auch gemeinsam auf einen Satz einigen, an den sich die Klasse später erinnern kann, wenn z. B. krankheitsbedingt der Sportunterricht entfällt oder ein zentraler Klassenarbeitstermin früher liegt als erhofft.
Mögliche Sätze sind: *„Es ist, wie es ist"* oder: *„Es ist okay. Möge ich einen guten Umgang damit finden"*. Stellen Sie in dem Gespräch aber auch heraus, dass es durchaus in Ordnung ist, wenn man sich über eine Situation ärgert. Besprechen Sie, dass es hilfreich ist, in diesem Fall tief in den Bauch zu atmen. Ermuntern Sie die Schüler*innen, ganz bewusst in sich hineinzuspüren und zu erkunden, wie es ihnen in einer solchen Situation geht. Was fühlen sie? Wo genau im Körper können sie das Gefühl wahrnehmen? Können sie dem Gefühl eine Farbe geben oder hat es eine bestimmte Form? Erklären Sie, dass ein Gefühl gefühlt werden möchte. Wenn wir es bewusst wahrnehmen, verlässt es uns nach wenigen Minuten wieder. Wenn wir dagegen ankämpfen oder es unterdrücken, bleibt es länger. Und wenn wir uns immer wieder erzählen (also daran denken), wie schlimm etwas ist, halten wir das Gefühl auch länger als nötig bei uns.

Für einen nachhaltigen Nutzen ist es sinnvoll, wenn Sie die Schüler*innen später an geeigneten Stellen an diese Strategien erinnern und sie diese mit ihnen wiederholen. Langfristig erinnern sich Ihre Schüler*innen dann auch von selbst daran und erhöhen so ihre Selbstwirksamkeit.

Falls mehr Zeit zur Verfügung steht, ist folgende Vertiefung möglich, die die Schüler*innen in Einzel- oder Partnerarbeit in mündlicher oder schriftlicher Form durchführen können. Geben Sie den Schüler*innen hierfür den folgenden Auftrag:

„Wie könnte sich Natalie in der Situation anders verhalten? Setze die Geschichte so fort, dass Natalie unsere besprochenen Ideen und Strategien nutzt. Wenn du möchtest, kann sie sich auf diese Weise ihre fünf Münzen zurückholen."

Optionale Kurzreflexion

- ⇨ In welchen Situationen hast du schon gegen etwas angekämpft, das du nicht ändern konntest? Was hast du gesagt/getan/gedacht? War das in der Situation für dich hilfreich oder hast du wie Natalie dafür „bezahlt"?
- ⇨ Was sind solche Situationen, auf die wir keinen Einfluss haben?
- ⇨ Wie möchtest du dich zukünftig in solchen Situationen verhalten?
- ⇨ Wofür möchtest du die eingesparte Energie nutzen?

Alles ist im Fluss...

Material ✓ Evtl. Entspannungsmusik und ein Abspielgerät

Zielsetzung und Einsatzmöglichkeiten
✓ Wahrnehmung und Desidentifikation von eigenen Gefühlen
✓ Entwicklung einer bewertungsfreien Akzeptanz
✓ Souveräner Umgang auch mit schwierigen Gefühlen

Vorbereitung Lesen Sie sich den Text der Übung zunächst selbst durch und finden Sie ein angemessenes Tempo und eine beruhigende Sprechweise.

Hinführung Falls gewünscht, schalten Sie die Entspannungsmusik an. Bitten Sie die Schüler*innen, eine bequeme, aufrechte Haltung einzunehmen, und leiten Sie die Übung mit folgenden Worten ein:

„Finde eine angenehme Sitzposition: Mach es dir auf dem vorderen Drittel deines Stuhles bequem und stelle beide Füße fest auf den Boden. Spüre, wie angenehm es ist, dein Gewicht an den Boden und deinen Stuhl abgeben zu können. Ziehe mit der nächsten Einatmung deine Schultern zu den Ohren und rolle sie bei der nächsten Ausatmung nach hinten. Genieße das Gefühl von Weite in deinem Oberkörper. Wenn du möchtest, schließe jetzt deine Augen und schenke dir ein Lächeln. Konzentriere dich nun auf deine Nasenspitze und spüre, wie mit jedem Atemzug frische Luft ein- und ausströmt. Nimm jeden Atemzug bewusst wahr und konzentriere dich eine Weile ganz auf deine Atmung. Es ist normal, wenn Gedanken auftauchen, die dich mitnehmen wollen. Nimm sie einfach nur wahr und kehre dann zu deinem Atem zurück."

Durchführung Nach einer kurzen Pause führen Sie die Übung wie folgt fort:

„Richte nun deine Aufmerksamkeit auf dein Inneres. Neugierig wie ein Wissenschaftler oder eine Wissenschaftlerin suchst du dein Körperinneres ab. Was benötigt gerade deine Aufmerksamkeit? Welche Gefühle nimmst du wahr?

Benenne diese Gefühle für dich, ohne sie zu bewerten. Sage dir: ‚*Da ist Angst*' oder: ‚*Ich nehme Wut wahr*'. Welches Gefühl ist am stärksten?

Akzeptiere, was gerade da ist. Sage dir: ‚*Es ist in Ordnung, dass gerade Angst da ist*' oder: ‚*Es ist okay, dass ich Wut wahrnehme*'.

Inspiziere dieses Gefühl nun genauer. Wie und wo genau kannst du das Gefühl im Körper wahrnehmen? Vielleicht sagst du dir: ‚*Da ist Enge in meiner Brust oder ein leichtes Ziehen in meinem Bauch*' oder: ‚*Ich nehme einen schnellen Puls wahr*'. Bewerte auch hier nicht, was du wahrnimmst, sondern bleibe voller Neugier mit deiner Aufmerksamkeit bei dem Gefühl. Welche Bilder entstehen dabei in deinem Kopf? Welche Gedanken begleiten die Bilder?

Beobachte nun dieses Gefühl: Prüfe, ob das Gefühl noch genauso ist wie zu Beginn der Übung oder ob du eine Veränderung wahrnehmen kannst. Was ist anders? Wenn du wahrnimmst, dass das Gefühl nachlässt, lass es weiterziehen wie ein Blatt, das langsam, aber unaufhaltsam von einem kleinen Fluss mitgenommen wird. Lasse auch die Gedanken weiterziehen, wenn sich welche einstellen. Genieße das Gefühl, dass alles gerade einfach so im Fluss sein darf und du ihm einfach beim Fließen zuschauen darfst. Alles ist immer in Bewegung. Wenn du jetzt ein- und ausatmest, ist dein Körper schon nicht mehr der, der er beim letzten Atemzug gewesen ist. Nimm die Erleichterung darüber wahr, dass jetzt alles so sein darf, wie es ist, und sich alles immer wieder verändert – so wie ein Fluss, der friedlich, aber unaufhaltsam vorwärtsfließt.

Bereite dich darauf vor, die Übung gleich zu beenden. Du kannst das Gefühl des Loslassens, des Freiseins gerne mit ins Hier und Jetzt nehmen. Spüre nun den Boden unter deinen Füßen und den Stuhl, auf dem du sitzt, wieder ganz bewusst, nimm zwei tiefe Atemzüge, balle deine Hände zu Fäusten und öffne sie wieder und mache genau die Bewegungen, die dir jetzt gerade guttun. Und wenn du dann so weit bist, öffne langsam deine Augen und komm zurück ins Hier und Jetzt."

Optionale Kurzreflexion

- ⇨ Welche Gefühle konntest du wahrnehmen? Wo bzw. wie? (Wie) hat sich das Gefühl verändert, während du hineingespürt hast?
- ⇨ Wie kannst du die Übung zukünftig für dich nutzen?
- ⇨ Eigentlich bleiben Gefühle nur für ein paar Minuten bei uns. Wenn wir sie bewusst wahrgenommen haben, können sie weiterziehen. Warum sind wir trotzdem häufig den ganzen Tag lang wütend? (Wir gehen beispielsweise ein Streitgespräch immer wieder im Kopf durch, und durch die Geschichte, die wir uns dabei erzählen, halten wir auch das Gefühl in uns fest. Du kannst ab jetzt selbst entscheiden, ob du das möchtest.)

Der Baum

Material ✓ Ein weißes Blatt Papier (DIN A4) und Buntstifte für jede*n Schüler*in

Zielsetzung und Einsatzmöglichkeiten
✓ Einübung von bewertungsfreier Akzeptanz
✓ Übernahme neuer, zielorientierter Perspektiven
✓ Kreativer Umgang mit zunächst frustrierenden Situationen

Vorbereitung Wählen Sie eine altersgerechte Version der Übung aus (siehe Varianten unter „Hinführung").

Hinführung Führen Sie **jüngere Schüler*innen** in folgende Situation ein:

„Der Bürgermeister ist ganz fertig. Er hat so viele Briefe von Kindern bekommen, die sich einen neuen Spielplatz wünschen. Leider hat die Stadt zurzeit wenig Geld, sodass er diesen Wunsch ganz lange nicht erfüllen konnte. Jetzt dachte er, er habe eine Lösung gefunden, denn eine alte Dame hat der Stadt eine große Wiese vererbt. Diese Wiese schien der perfekte Ort für einen neuen Spielplatz zu sein. Allerdings hat sich jetzt herausgestellt, dass mitten auf dieser Wiese ein ganz alter und großer Baum steht – und der darf nicht gefällt werden. Der Bürgermeister ist ganz genervt und würde ihn am liebsten nachts heimlich fällen, aber das darf er natürlich nicht."

Baum: © Norbert Höveler

Führen Sie **ältere Schüler*innen** in folgende Situation ein:

„Der Jugendrat unserer Stadt ist ganz frustriert. Schon lange kämpft er für ein neues Jugendheim. Leider hat die Stadt zurzeit wenig Geld, sodass dieser Wunsch bislang nicht erfüllt werden konnte.

Jetzt dachte er, er habe eine Lösung gefunden, denn eine alte Dame hat der Stadt unbebautes Grundstück vererbt, das zunächst perfekt für ein neues Jugendheim schien. Allerdings hat sich herausgestellt, dass mitten auf diesem Grundstück ein ganz alter und großer Baum steht – und der darf nicht gefällt werden. Die Jugendlichen sind richtig genervt und würden ihn am liebsten nachts heimlich fällen, aber das dürfen sie natürlich nicht."

Wenn Sie bereits die Übung „Energiesparmodus" (siehe S. 25 ff.) durchgeführt haben, können Sie mit den Kindern die Erkenntnisse aus dieser Einheit wiederholen und sich gemeinsam an den Satz erinnern (z. B. *„Es ist wie es ist"*) und den Bürgermeister bzw. eine*n Jugendliche*n einmal in sich hineinspüren lassen.
Sicher werden die Schüler*innen auch schon Vorschläge machen wollen, wie man trotz des Baumes einen Spielplatz bzw. ein Jugendamt errichten kann. Diese Vorschläge können Sie als Überleitung für die nächste Phase nutzen.

Durchführung

Bitten Sie die Schüler*innen, einen großen, alten Baum in die Mitte der leeren Papierblätter zu zeichnen. Je nach gewählter Version besteht die Aufgabe nun darin, einen Spielplatz bzw. ein Jugendheim so zu zeichnen oder zu malen, dass der Baum entsprechend integriert wird.

Optionale Kurzreflexion

- ⇨ In welchen Situationen hast du bereits Vergleichbares erlebt und trotz etwas Störendem eine Lösung gefunden? Was war dabei der Baum? Wie konntest du trotzdem etwas Schönes darum herumbauen?
- ⇨ Ist der Baum nur „störend" oder kann in ihm auch etwas Positives gesehen werden?
- ⇨ Gibt es in deinem Leben zurzeit einen Baum, den du am liebsten heimlich fällen würdest? Möchtest du mit der Gruppe oder einem einzelnen Kind oder mit der Lehrkraft einmal überlegen, wie du besser mit diesem Baum sein kannst?

Die Strichmännchen-Technik[6]

Material
- ✓ Tafel und Kreide oder eine vergleichbare Visualisierungsmöglichkeit
- ✓ Ein weißes Blatt Papier (DIN A4), ein Stift und eine Schere für jede*n Schüler*in

Zielsetzung und Einsatzmöglichkeiten
- ✓ Auflösung von Kontrolle und der Vorstellung, wie etwas sein sollte, zugunsten von Akzeptanz und Vertrauen

Vorbereitung Machen Sie sich vorab mit den Schritten und der Vorlage für die Strichmännchen-Technik vertraut.

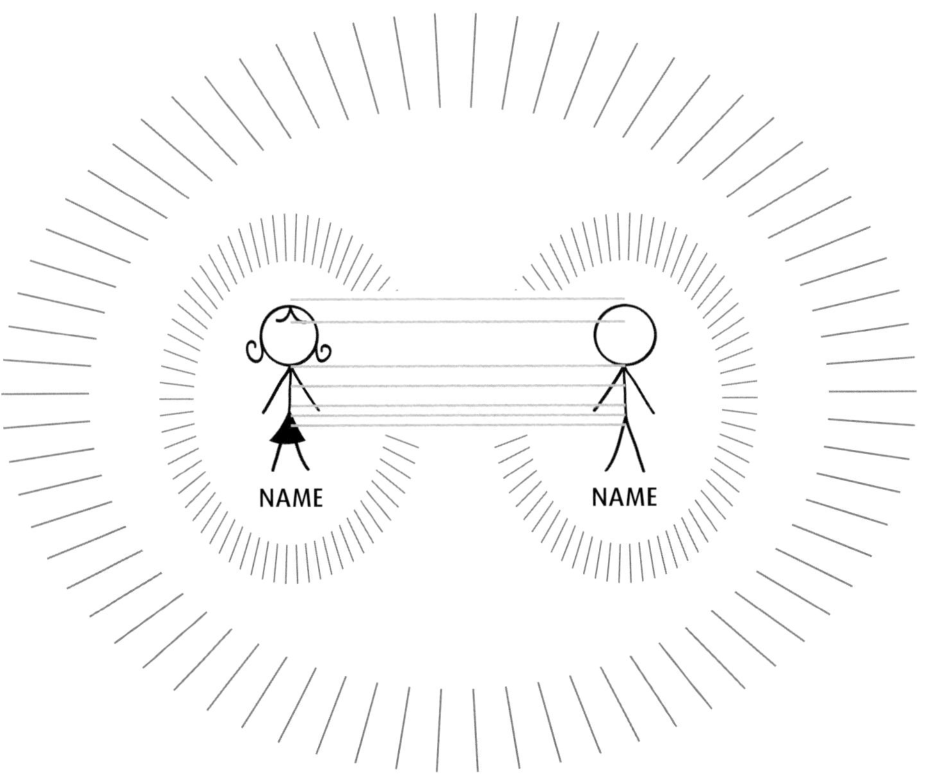

Strichmännchen: © scrkomkrit – stock.adobe.com

[6] Die Strichmännchen-Technik von Jacques Martel ist eine Selbstcoaching-Methode. Zielsetzung der Methode ist, mithilfe von Visualisierung Gegebenheiten zu akzeptieren, diese loszulassen und darauf zu vertrauen, dass das Richtige passieren wird. Vgl. Bernier, Lucy & Lenghan, Robert: Die Strichmännchen-Technik. Für emotionale Selbstheilung, Lösung aus Abhängigkeiten und für gute Beziehungen – nach Jacques Martel. VAK Verlags GmbH: Kirchzarten bei Freiburg, 2017

Hinführung Leiten Sie mit etwa folgenden Worten die Übung ein:

„Wir alle haben bestimmte Vorstellungen davon, wie ‚die Dinge' zu laufen haben, wie sich andere Menschen verhalten sollten usw. Die Erfahrung, dass sich etwas anders entwickelt oder sich jemand doch anders benimmt, kann bei uns Gefühle von Hilflosigkeit, Wut oder Enttäuschung auslösen. Auch wenn wir wissen, dass wir andere nicht kontrollieren können, ist das manchmal richtig schwer. Wie viele von euch haben das schon erlebt? Könnt ihr ein paar Beispiele nennen? Heute lernt ihr eine Technik kennen, die euch dabei unterstützt, euch von diesen Vorstellungen, wie jemand oder etwas zu sein hat, zu lösen und so wieder zu mehr Wohlbefinden zu gelangen."

Durchführung Führen Sie die Schüler*innen beispielsweise mit den folgenden Worten durch die Übung:

„Nehmt euch einen Moment, um euch für einen Menschen oder eine Situation zu entscheiden. Ich mache die Übung an der Tafel (o. Ä.) auch mit, sodass ihr euch orientieren könnt.

1. Lege das Blatt Papier im Querformat vor dich. Male dich selbst als Strichmännchen auf die linke Seite, etwa so groß wie dein Zeigefinger, und schreibe darunter deinen Vor- und Nachnamen auf das Blatt.
2. Auf die rechte Seite malst du nun in etwa gleicher Größe ein zweites Strichmännchen für eine Person oder ein Quadrat für eine Situation. Schreibe nun den Namen der Person (oder falls anonym: die Initialen) unter das Strichmännchen bzw. notiere ein paar wenige Worte, die die Situation beschreiben, in dem Quadrat (z. B. Bewerbung auf einen Ausbildungsplatz).
3. Male nun einen Kreis, einen sogenannten Lichtkreis um ‚dich' und sage: *‚Ich wünsche das Beste für mich. Ich weiß nicht, was das Beste ist, aber das Leben weiß es.'*
4. Zeichne dann einen Lichtkreis um die andere Person bzw. die Situation und sage z. B.: *‚Ich wünsche das Beste für meine Bewerbungen. Das Leben weiß, was das Beste ist.'*

5. Zeichne nun einen Lichtkreis um die beiden bisherigen Lichtkreise und sage: *‚Ich wünsche das Beste für mich und mein Bewerbungsverfahren. Ich weiß nicht, was das Beste ist, aber das Leben weiß es.'*
6. Im nächsten Schritt geht es darum, die Energien der beiden zu verbinden. Wir folgen dabei den sieben Energiezentren der Traditionellen Chinesischen Medizin, den sogenannten Chakren. Beginne mit dem Wurzelchakra am unteren Ende der Wirbelsäule und ziehe eine waagerechte, verbindende Linie zum anderen Strichmännchen oder zu dem Kasten. Das Gleiche machst du mit dem Punkt knapp unter dem Bauchnabel und anschließend mit dem Solarplexus ein paar Finger über dem Bauchnabel. Die vierte Verbindungslinie beginnt bei deinem Herzen, die fünfte beim Hals, die sechste bei dem Punkt zwischen den Augenbrauen und die siebte an der Spitze des Kopfes. Du dürftest jetzt sieben parallele Linien haben.
7. Wir werden diese Verbindungen nun trennen, sodass die Energien wieder frei fließen können.

Keine Sorge: Es geht nicht darum, euch völlig von dieser Person oder Situation zu trennen. Wir trennen nur die negativen oder schmerzhaften Verstrickungen. So ersetzen wir Anspannung, Druck und negative Energien gegen Vertrauen und Leichtigkeit. Wenn du bereit bist, diese schmerzhaften Energien loszulassen, nimm nun eine Schere und schneide ganz bewusst die Verbindungslinien durch. Du kannst auch vorsichtig reißen.
Sprich dabei drei Mal: *‚Ich lasse los'* oder *‚Ich vertraue'*.
Sage abschließend: *‚Danke, es ist erledigt.'*

Optionale Kurzreflexion

- ⇨ Wie hast du diese Übung erlebt?
- ⇨ Wenn du jetzt an die andere Person oder Situation denkst: Fühlt es sich anders an? Inwiefern?
- ⇨ Wie kannst du die Übung zukünftig für dich nutzen?

OPTIMISMUS

Hinweise zum Thema

„Auf die Dauer der Zeit nimmt die Seele die Farbe deiner Gedanken an." [7]

(Marcus Aurelius Antonius)

Ich liebe dieses Zitat von Mark Aurel, weil es die Kraft und die Reichweite der eigenen Gedanken so schön zum Ausdruck bringt. Im Gegensatz zum schon recht abgenutzten Bild des halb vollen/halb leeren Glases zeigt es auf, wie langfristig wir unser Leben durch das prägen, was wir heute denken. Wissenschaftler*innen gehen davon aus, dass wir zwischen 60.000 und 80.000 Gedanken pro Tag denken. Ein Großteil davon erfolgt unbewusst. Und: Das American Science Institute fand in einer Studie heraus, dass etwa 80 Prozent unserer Gedanken genau dem entsprechen, was wir auch am Vortag schon gedacht haben! Automatisierte Gedanken sind wichtig für unser Überleben. Müssten wir täglich neu darüber nachdenken, wie wir ein- und ausatmen, die Zähne putzen und uns die Schuhe zubinden, wäre dies wahnsinnig anstrengend und wir würden nicht sehr weit kommen. Gleichzeitig birgt dieser Autopilot eine immense Gefahr für die Farbe unserer Seele, also unser persönliches Glück. Die schlechte Nachricht ist nämlich: Unserem Gehirn ist es egal, ob wir glücklich sind oder nicht. Es will nur unser Überleben sichern. Aber: Wir wünschen uns von unserem Leben doch mehr als nur zu überleben, oder? Deshalb ist es wichtig, für sich selbst erst einmal schonungslos zu prüfen, wie optimistisch bzw. pessimistisch die eigene Gedankenwelt ist.

Was so einfach klingt, ist nichts für Feiglinge: Viele Menschen sind schockiert, wenn sie mitbekommen, wie hart sie mit sich selbst ins Gericht gehen, wie unfreundlich und beleidigend sie mit sich sprechen und wie vernichtend sie sich und die Welt um sie herum bewerten.

Aber auch hier gibt es Grund für Optimismus: Positives Denken ist erlernbar. Unser Gehirn zeichnet sich durch eine wunderbare Eigenschaft, die sogenannte **Neuroplastizität**, aus: Wenn wir unser Denken ändern, ändert sich messbar die Struktur unseres Gehirnes. Das folgende Bild veranschaulicht dies sehr schön: Wenn wir es gewohnt sind, negativ zu denken, sind diese Gedanken breite „Nervenautobahnen" in unserem Gehirn, die wir regelmäßig befahren.

---

[7] nach: Marcus Aurelius Antonius (Autor); Dr. Wittstock, Albert (Übersetzer): Des Kaisers Marcus Aurelius Antonius Selbstbetrachtungen. Neue Übersetzung mit Einleitung und Anmerkungen von Dr. Albert Wittstock, Verlag Philip Reclam jun.: Stuttgart, 1986, S. 72
In diesem Werk lautet das Zitat: „..., denn von den Gedanken nimmt die Seele ihre Farbe an."

Durch Achtsamkeit und verschiedene Techniken, wie Meditation oder eine Dankbarkeitspraxis schlagen wir zunächst neue kleine Trampelpfade, die sich innerhalb weniger Wochen zu immer breiteren „Autobahnen" ausweiten, sodass sich langfristig nicht nur unser Denken ändert, sondern die Veränderung in bildgebenden Verfahren tatsächlich nachweisbar ist.
Optimismus sorgt so nicht nur dafür, dass wir uns einfach glücklich fühlen, sondern es lässt uns **bewusste und bessere Entscheidungen** für unser Leben treffen. Sehen pessimistische Menschen eher **Hindernisse und Gefahren**, erblickt ein Optimist **Chancen und Möglichkeiten** – und ergreift diese auch, denn als Optimist sieht er natürlich deren Erfolgschancen. Und wenn ich beispielsweise als Schüler*in mit der Einstellung *„Ich finde bestimmt einen spannenden Praktikumsplatz!"* bei einem innovativen Start-up einfach mal nachfrage, ist die Wahrscheinlichkeit auf ein begeisterndes Praktikum viel höher, als wenn ich mich mit der Überzeugung *„Die interessanten Stellen bekommt man ja doch nur mit Vitamin B!"* lethargisch treiben lasse.

Positives Denken fällt häufig schwer. Und dafür gibt es einen guten Grund, ein schweres Erbe. Denn für unsere Vorfahren war es überlebenswichtig, auf das Detail zu achten, das gefährlich sein könnte. Wer vor lauter Freude über die Vielzahl an Schmetterlingen und Vögeln den Säbelzahntiger ignorierte, überlebte dies vielleicht nicht. Dieses als **Negativitätsbias** (auch: Negativitätseffekt oder Negativitätsdominanz) bekannte Phänomen wirkt sich auf unsere Gegenwart allerdings belastend aus: Wenn Sie für eine neue Idee viele positive Rückmeldungen erhalten, aber auch eine harsche Kritik darüber, dass das wieder so ein naiver Quatsch sei – worüber denken Sie beim Abendessen noch nach?

Uns Lehrkräfte sollte aber noch ein anderer Aspekt **Lust auf Optimismus** machen. Sicher ist Ihnen die sich **selbst erfüllende Prophezeiung** ein Begriff.
Eine für den schulischen Kontext brisante Studie, deren Ergebnis in späteren Studien bestätigt werden konnte, führten Rosenthal und Jacobson[8] bereits 1966 mit Grundschulkindern durch. Sie teilten den Lehrer*innen mit, dass bei einer Reihe von (zufällig ausgewählten) Kindern im nächsten Schuljahr eine starke Leistungs-

[8] Vgl. Rosenthal, Robert; Jacobson, Lenore (Autoren); Brinkmann, Ingeborg (Übersetzerin): Pygmalion im Unterricht. Lehrererwartungen und Intelligenzentwicklung der Schüler. Beltz: Weinheim, 1971

entwicklung zu erwarten sei. Die manipulierte Erwartung der Lehrkräfte führte tatsächlich dazu, dass die entsprechenden Kinder in Intelligenztests signifikant besser abschnitten als zuvor. Als Gründe für diesen sogenannten **Pygmalion-Effekt** konnten Freimuth und Haritz[9] unbewusste Verhaltensweisen seitens der Lehrkraft identifizieren, die diese Kinder – entgegen der eigenen Einschätzung eines neutralen Auftretens – beispielsweise mehr lobte oder anlächelte. Leider gibt es auch den gegensätzlichen **Golem-Effekt**, der bei entsprechender Erwartung einer Lehrkraft auch eine Leistungsverschlechterung bewirken kann. Ich erwähne dies, um die große Bedeutung des Optimismus auch gerade im schulischen Kontext zu betonen. Wie viel mehr Potenzial könnte in einer **durch Optimismus geprägten Schulgemeinde** abgerufen werden?

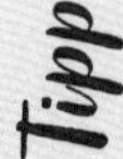

Nehmen Sie bei Ihren Schüler*innen bewusst wahr, was sie gut gemacht haben. Oft begnügen wir uns mit einem wohlgemeinten Tipp für Verbesserung. Gewöhnen Sie sich daran, auch positive Aspekte herauszustellen. Sprechen Sie aus, wenn Ihnen eine Unterrichtsstunde Spaß gemacht hat, wenn Sie sich über die motivierte Mitarbeit eines sonst stilleren Kindes freuen. Bedanken Sie sich, wenn die Tafel sauber ist. Vermeintliche Kleinigkeiten können viel bewirken.

Gewöhnen Sie sich an, die Stimmung in der Klasse zu scannen. Wenn gerade Müdigkeit oder Traurigkeit überwiegen, schenken Sie der Klasse fünf Minuten, in denen Sie eine aktivierende Bewegungsübung durchführen, ein fröhliches Lied laut aufdrehen und zum Tanzen animieren, den Sorgen kurz Gehör schenken oder im Blitzlichtverfahren Dinge aufzählen lassen, für die jede*r gerade dankbar ist. Die Unterrichtsstunde wird garantiert erfreulicher und produktiver verlaufen.

Sie können solche Dankbarkeitsrunden auch ritualisieren, beispielsweise immer freitags, wenn jede*r ein positives Erlebnis der Woche nennt. („*Was hat dir in dieser Woche besonders gut gefallen?*") Das Gehirn der Schüler*innen wird schon bald die Woche über nach „Erzählenswertem" Ausschau halten.

[9] Vgl. Freimuth, Joachim; Haritz, Jürgen: Der Pygmalion-Effekt in der Personalführung. In: WiSt – Wirtschaftswissenschaftliches Studium. Heft 6 – Ausgabe 2009, Verlag Beck: München, 2009, S. 311 f.

Wenn die innere Stimme laut wird

Material ✓ 10 Karteikarten in zwei Farben (z. B. fünf rote und fünf grüne Karten) und ein Filzstift zum Beschriften der Karteikarten

Zielsetzung und Einsatzmöglichkeiten
- ✓ Bewusstmachung förderlicher und destruktiver Gedanken
- ✓ Erfahrung der körperlichen Auswirkungen dieser Gedanken
- ✓ Einsetzbar als Reaktion auf selbstabwertende Schüleraussagen oder im Rahmen der Prüfungsvorbereitung

Vorbereitung Sorgen Sie dafür, dass genügend Platz für einen großen Kreis von fünf Schüler*innen zur Verfügung steht.

Hinführung Leiten Sie die Übung mit folgender Imagination ein:

„Stell dir einmal vor, du hast einen richtig blöden Tag. Du hast schlecht geschlafen, verpasst den Bus, kommst zu spät zur Schule, dein Gesicht ziert ein dicker Pickel und dann schreibt ihr auch noch eine Klassenarbeit, auf die du dich nicht vorbereitet hast. Was sind Gedanken, die dir an diesem Tag durch den Kopf gehen? *(Notieren Sie besonders negative Gedanken einzeln auf die roten Karteikarten. Möglicher Impuls: ‚Das sind ja ganz schön gemeine Gedanken. Welche gemeinen Gedanken habt ihr sonst noch in der Vergangenheit gedacht?') … ‚Puh, das sind ja fiese Gedanken. Kommt, wir schütteln uns einmal kräftig, um diese Gedanken abzuschütteln'. (Motivieren Sie, indem Sie sich ebenfalls schütteln.)*

Ein neuer Tag. Du hast wunderbar geschlafen, frühstückst lecker und fährst mit dem Rad zur Schule, sodass du fit und voller Energie die Schule erreichst. Du erhältst Komplimente für dein neues Outfit. Die Lehrerin teilt einen Test aus und du hast eine 1 bekommen. Im Sportunterricht schießt du das Siegtor und alle jubeln dir zu. – Welche Gedanken denkst du heute? *(Schreiben Sie diese Gedanken auf die grünen Karteikarten.)*"

Durchführung – Teil 1

Fragen Sie, wer sich heute besonders gut und belastbar fühlt und Lust auf ein Experiment hat. Bitten Sie dieses Kind nach vorne. Laden Sie es dann dazu ein, fünf Mitschüler*innen für das Experiment auszuwählen.

Verteilen Sie die roten Karten an die fünf ausgewählten Helfer*innen und bitten Sie sie, sich in einem großen Kreis um das erste Kind herumzustellen. Die Schüler*innen lesen den jeweiligen Gedanken auf ihren Karteikarten immer wieder laut vor, während sie langsam den Kreis immer enger werden lassen, bis sie ganz dicht um den*die Schüler*in in der Mitte herumstehen. Diese*r hört zu, kommentiert aber nicht.

Erste Reflexion

- An den*die Schüler*in im Kreis gerichtet: Wie hast du dich in dieser Situation gefühlt? Beschreib uns bitte, was in deinem Körper passiert ist.
- An die vorlesenden Schüler*innen gerichtet: Wie war es für euch, diese Gedanken vorzulesen?

Durchführung – Teil 2

Wiederholen Sie diese Übung mit denselben Schüler*innen nun mit den grünen Karteikarten.

Zweite Reflexion

- An den*die Schüler*in im Kreis gerichtet: Wie hast du dich dieses Mal gefühlt? Was hat es mit dir und deinem Körper gemacht, diese Gedanken zu hören?
- An alle gerichtet: Was nimmst du für dich aus dieser Übung mit?
- Wie können wir die Erfahrung von *(Namen einsetzen)* für unser Leben nutzen?

Smile-its

Material
- ✓ Buntes Papier (Klebezettel oder Tonzeichenkarton in DIN A5), mindestens in doppelter Klassenstärke
- ✓ Filzstifte für jede*n Schüler*in
- ✓ Klebestreifen

Zielsetzung und Einsatzmöglichkeiten
- ✓ Einübung positiver Gedanken und Glaubenssätze
- ✓ Verinnerlichung des Zusammenhanges zwischen Gedanken, Gefühlen und Ergebnissen
- ✓ Stärkung der Empathiefähigkeit
- ✓ Verbesserung des Klassen-/Schulklimas

Vorbereitung Es ist sinnvoll, wenn die Schüler*innen bereits mit der Übung „Wenn die innere Stimme laut wird" (siehe S. 41 f.) vertraut sind.

Hinführung Erinnern Sie sich gemeinsam mit den Schüler*innen an die Übung „Wenn die innere Stimme laut wird". In diesem Gespräch sollte der Zusammenhang zwischen Gedanken, Gefühlen und Verhalten/Ergebnissen deutlich werden.

Durchführung Überlegen Sie gemeinsam mit den Schüler*innen, in welchen Situationen bzw. an welchen Orten den Schüler*innen Ihrer Schule die Übung mit der inneren Stimme besonders hilfreich sein könnte. Sie können folgende Beispiele vorgeben: An der Eingangstür könnte der Gedanke *„Heute wartet ein spannender Tag auf dich"* motivieren. Auf dem Weg zum Schulhof könnte der Gedanke *„Wir halten zusammen"* zu einer gemeinsamen Pausengestaltung anregen.

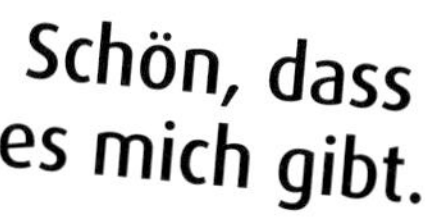

Erläutern Sie der Klasse dann das weitere Vorgehen:

Sie teilen die bunten Papiere aus. Auf diese Zettel schreiben die Schüler*innen (gerne auch in Partnerarbeit) einen Mutmach-Gedanken und überlegen sich dabei auch, wo sie den Zettel später befestigen möchten. Sicher ist es für das Klima innerhalb der Klasse förderlich, wenn diese Smile-its im Klassenraum selbst hängen, z. B. am Spiegel („*Du siehst am schönsten aus, wenn du du selbst bist!*") oder am Schrank mit den Klassenarbeitsheften („*Ich bin, wie ich bin, und ich krieg das hin!*")
Vielleicht möchten Ihre Schüler*innen auch einzelne Mitschüler*innen oder sich selbst mit einem Mutmach-Zettel stärken, der dann beispielsweise auf das Hausaufgabenheft geklebt wird. Verteilen Sie schließlich Klebefilmstreifen und bitten Sie die Schüler*innen, die Gedankenkärtchen an der vorgesehenen Stelle zu befestigen.

Freuen Sie sich – als alternative **Kurzreflexion** – gemeinsam darauf, der Schulgemeinde ein gutes Gefühl zu geben, und malen Sie sich dabei aus, welche Veränderungen Sie als Gruppe durch diese Aktion erzielen können.

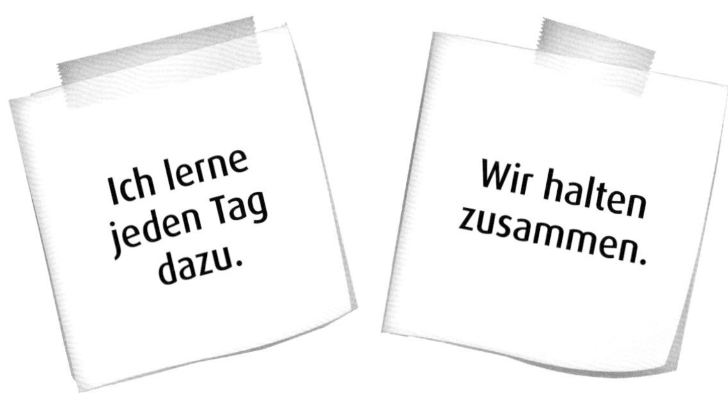

Klebezettel: © jannoon028 – Shutterstock.com

Was wir wahrnehmen ...

Material
- ✓ Ein weißes Blatt Papier (DIN A4) und ein Stift für jede*n Schüler*in, ggf. eine Schreibunterlage (wenn die Übung draußen stattfindet)

Zielsetzung und Einsatzmöglichkeiten
- ✓ Achtsamkeitsschulung durch Fokussierung auf die Schönheiten des Augenblickes und der Natur
- ✓ Bewusstmachung des eigenen Einflusses auf die Wahrnehmung

Vorbereitung Gerade für den zweiten Teil der Übung bietet es sich an, sie draußen durchzuführen. Bitten Sie die Kinder, jeweils einen Stift, ein Blatt Papier und ggf. eine Schreibunterlage mitzunehmen. Sollte ein Ortswechsel nicht möglich sein, kann alternativ Schönes im Klassenraum wahrgenommen werden.

Hinführung Lesen Sie den Schüler*innen – im Klassenraum oder draußen – die folgende Geschichte vor:

Die Höhlenhunde

Der Hund galt im ganzen Dorf als ängstlich. Schon als Welpe hatte er sich vor anderen Hunden gefürchtet, und wenn man ihm zu nahe kam, wurde er bissig. Doch eines Tages verspürte er Abenteuerlust und lief davon, in die Berge. Da kam er an einen Felsen, aus dem ein kühler Luftzug strömte. Er folgte dem Luftzug und stieß auf ein Loch im Fels. [...] Er lief zu dem Licht und befand sich mit einem Mal in einer großen Höhle, in die durch ein Loch die Sonne fiel. Doch in der Höhle standen wohl an die hundert [...] Hunde, alle so groß wie er. Sie zogen die Lefzen hoch und zeigten die Zähne, dann stellten sie das Nackenhaar auf und begannen zu knurren und zu bellen. Der Hund zog den Schwanz ein und lief so schnell er konnte aus der Höhle, den Berg hinab, wieder nach Hause zu seinem Hof.
Als er seinem Kameraden von dem Abenteuer berichtete, wurde dieser neugierig. [...] Obwohl ihn sein Freund eindringlich warnte, beschloss er, die Höhle selbst zu sehen, denn Angst hatte er noch nie gekannt. [...]

Als er [die Höhle] betrat, waren dort tatsächlich über hundert Hunde, groß und stark [...], so wie er selbst. Doch sie blickten ihn freundlich an, mit staunendem, neugierigem Blick und wedelnden Schwänzen.
[...] Er blickte die anderen Hunde noch einmal freundlich an, kläffte zum Abschied und wandte sich heimwärts. Die Höhle der hundert Spiegel aber lag wieder still da, nur die Spiegel spiegelten einander wider."

Hund: © Pinchuk Oleksandra – Shutterstock.com

Quelle: Schweppe, Ronald; Long, Aljosha: Füttere den weißen Wolf: Weisheitsgeschichten, die glücklich machen, Kösel-Verlag: München, 2016, S. 47 f.

Durchführung Leiten Sie folgendermaßen zur Übung über:

„Was du wahrnimmst, sagt mehr über das aus, was du denkst und wer du bist als über das, was dich umgibt. – Habt ihr schon ähnliche Erfahrungen gemacht, in denen zwei Personen die gleiche Situation oder den gleichen Gegenstand ganz unterschiedlich wahrgenommen haben? Die Welt so wahrzunehmen wie der zweite Hund in der Geschichte, kann man üben: Ihr werdet fünf Minuten lang Zeit haben, um gezielt Schönes, Angenehmes in eurer Umgebung wahrzunehmen. Versucht, so viel wie möglich wahrzunehmen: zu sehen, hören, fühlen, riechen ... Haltet die Umgebung dabei möglichst klein. Notiert alles Schöne und Angenehme, was ihr wahrnehmt."

Optionale Kurzreflexion

- ⇨ Was hast du während der Übung Schönes wahrgenommen?
- ⇨ Was hat dich berührt oder überrascht?

Höhlenmensch bei Instagram

Material	✓ Mindestens zehn getrocknete Bohnen pro Schüler*in
Zielsetzung und Einsatzmöglichkeiten	✓ Bewusstmachung des Negativitätsbias, Verständnis seiner Ursachen und seiner Konsequenzen für unser Glücksempfinden ✓ Möglichkeiten der Überwindung des Negativitätsbias

Vorbereitung Lesen Sie die Ausführungen zur Hin- und Durchführung vorab, um möglichst frei sprechen zu können.

Hinführung Lassen Sie die Schüler*innen sich in folgende Situation einfühlen:

„Stellt euch die folgende Situation vor: Du hast mit sehr viel Mühe einen Post auf Instagram vorbereitet. Du hast dich besonders hübsch gemacht und benötigtest gefühlt mindestens 200 Filter, Einstellungen und Belichtungsszenarien, bis dir ein Bild wirklich gefallen hat. Auch an dem Post und den Hashtags hast du lange gesessen. Endlich bist du zufrieden und postest deinen Beitrag ... Du gehst zum Sport und schaust danach neugierig und voller Vorfreude auf das Handy. Du hast viele Likes erhalten ... Was ist eine gute Zahl? ... *(Zahl nennen lassen)* Gut, dann hast du für diesen Post *(die Hälfte zu der genannten Zahl addieren)* Likes erhalten und zahlreiche positive Comments. Nennt mal ein paar ... *(Beispiele nennen lassen)* Aber einer Followerin – du kennst sie nicht persönlich – gefällt dein Beitrag so gar nicht. Was schreibt sie? *(Beispiel nennen lassen)* Am Abend liegst du im Bett und kannst nicht einschlafen. Welche Gedanken gehen dir im Kopf herum? ... *(Beispiele nennen lassen)* Ja, sie kreisen immer noch um den einen Post. Du sagst dir: *‚Hey, ich hatte doch (Zahl einsetzen) Likes – und so viele nette Kommentare. Warum kann ich diesen einen blöden Kommentar nicht vergessen?‘*
Habt ihr schon einmal eine ähnliche Erfahrung gemacht?“
Lassen Sie die Schüler*innen entsprechende Beispiele nennen.

Durchführung

Erforschen Sie die Ursachen für diese Erfahrungen gemeinsam mit Ihren Schüler*innen:
„Aber warum ist das so? – Um zu verstehen, warum wir heute nicht schlafen können, wenn jemand unseren Post kritisiert oder *(greifen Sie hier Beispiele Ihrer Schüler*innen auf)*, fragen wir am besten einen ganz alten Verwandten von uns – einen Höhlenmenschen. Stellt euch mal vor, dieser Höhlenmensch macht einen Spaziergang: Er verlässt seine Höhle und kommt zu einem Feld. Dort gibt es wunderschöne Blumen, viel Grün und üppige Beerensträucher. Außerdem gibt es auch einen Säbelzahntiger. Worauf fällt seine Aufmerksamkeit? *(auf den Säbelzahntiger)* Warum? *(Weil es für ihn wohl tödlich enden würde, wenn er lieber an einer Blume riechen würde.)* Es ist für ihn überlebenswichtig, dass sein System besonders auf die Gefahr achtet und entsprechend reagiert, nämlich … *(vermutlich schnell zurück zur Höhle rennen)*. Was damals sehr dienlich war, ist heute ein schweres Erbe. Wie viele von euch fühlen sich lieber fröhlich als traurig? Lieber hoffnungsvoll statt ängstlich? Lieber dankbar als vorwurfsvoll? **Die schlechte Nachricht:** Dieses Erbe müssen wir alle antreten. **Die mittelgute Nachricht:** Es ist anstrengend mit diesem Erbe, denn um eine negative Erfahrung auszugleichen, brauchen wir mindestens fünf positive. **Die gute Nachricht:** Wir können üben, das Positive stärker wahrzunehmen.
Jede*r von euch bekommt nun eine Handvoll Bohnen. Stecke diese in deine linke Hosentasche. Jedes Mal, wenn du einen Glücksmoment erlebst und z. B. ein Kompliment erhältst, herzlich lachen musst, ein gutes Gespräch führst, etwas Neues lernst usw., wandert eine Bohne von der linken in die rechte Tasche. Am Abend liegst du nicht wach und grübelst über den blöden Kommentar, sondern zählst lieber die Bohnen und erinnerst dich an die schönen Erlebnisse des Tages.

Optionale Kurzreflexion

Mögliche Fragen in der nächsten Stunde:
- ⇨ Wie hast du dich bei der Übung gefühlt? Was war anders als sonst?
- ⇨ Welche Gedanken haben dich begleitet?

SELBSTWIRKSAMKEIT

Hinweise zum Thema

„Egal, ob du glaubst, du kannst es, oder du kannst es nicht. Du wirst recht behalten.“ [10]

(Henry Ford)

Die **Bedeutung der eigenen Gedanken** stand schon im Mittelpunkt des zweiten Kapitels, wir haben sie in ihrem wahren Ausmaß jedoch noch nicht erfasst. Denn wie Henry Ford im oben abgedruckten Zitat zurecht feststellt: Unsere eigenen Gedanken, die Erwartung an das Ergebnis unserer Handlung, bestimmen das Resultat.

Leider sind auch diese Vorstellungen zu einem großen Teil unbewusst. Etwa bis zum achten Lebensjahr übernehmen wir als Kind ungefiltert alle Aussagen, die Teil unseres unbewussten Selbstbildes werden, etwa: *„Ich bin ungeschickt“* oder: *„Ich kann nicht ordentlich malen“*. Diese vermeintlichen Wahrheiten werden Teil unserer Realität und sind häufig nur schwer wieder aufzulösen. Weiterhin entscheiden unsere bisherigen Lebenserfahrungen darüber, ob wir uns als Kind **als selbstwirksam erlebt** haben: Gehen die Eltern auf unsere Wünsche ein? Beteiligen sie uns in altersgerechter Form an Entscheidungen? Wie wird auf Niederlagen reagiert? Mit Strafen oder mit gemeinsamen Überlegungen, was in Zukunft besser gemacht werden kann? Werden Stärken durch angemessenes Lob bewusst gemacht? Erfahrungen wie diese haben einen immensen Einfluss darauf, wie wir auf eine Herausforderung reagieren, ob wir uns ihr voller Zuversicht stellen oder ob wir aus Angst vor Überforderung und unangenehmen Gefühlen lieber ausweichen oder dagegen ankämpfen.

Erinnern Sie sich an Pippi Langstrumpf, die mit ihrer kindlichen Unbefangenheit und dem großen Vertrauen in sich selbst alle Abenteuer ihres Lebens meistert? Pippi Langstrumpf ist davon überzeugt: Sie verfügt über die notwendigen Stärken und Fähigkeiten, die sie benötigt, um neue Aufgaben erfolgreich bewältigen zu können... Das wiederum weckt **positive Gefühle und Durchhaltevermögen**. Sind Sie wie Pippi? Wie reagieren Sie auf eine neue Aufgabe, die Ihnen übertragen wird, auf neue Vorgaben vom Ministerium, die Sie umsetzen sollen, oder auf Wünsche seitens der Eltern?

Und dürfen sich die Schüler*innen in Ihrem Unterricht als selbstwirksam erfahren?

---

[10] nach: Ford, Henry, veröffentlicht in: The Reader's Digest, Volume 51, The Reader's Digest Association, Inc.: New York, 1947 In diesem Werk lautet das Zitat: "Whether you believe you can do a thing or not, you are right."

Häufig meinen wir es gut, wollen den Schüler*innen intensiv zur Seite stehen und in jeder Unterrichtsstunde alles geben. Schauen Sie genau hin: Wo führen Ihr Perfektionismus, Ihr Kontrollbedürfnis oder allgemeiner Zeit- und Termindruck dazu, dass Sie den Schüler*innen Entscheidungsspielräume vorenthalten? Und welche Entfaltungsmöglichkeiten können Sie ihnen anbieten?

Planen Sie Ihren Unterricht so, dass **Wahlmöglichkeiten** bestehen. Beispielsweise bietet ein Wochenplan den Lernenden die Chance, zwischen Wahl- und Pflichtaufgaben zu wählen, in ihrem eigenen Tempo zu arbeiten oder die Sozialform zu bestimmen. Überlegen Sie, an welchen Stellen Sie **freiwillige Hausaufgaben** aufgeben können. Bieten Sie den Kindern vor einer Leistungsüberprüfung eine **Lernzeit** an, in der sie mit Blick auf die relevanten Kompetenzen selbst festlegen, was sie wiederholen oder vertiefen möchten, und bieten Sie dabei **passende Materialien** an, die genutzt werden dürfen (aber nicht müssen).

Auch das sogenannte *„Classroom Management"*[11] bietet **vielfältige Gelegenheiten, sich einzubringen**. Meine Fachleiterin empfahl immer: *„Tun Sie nichts, was Sie nicht auch die Schüler*innen machen lassen können."* Ein Schüler putzt gerne die Tafel? Bringen Sie Ihre Dankbarkeit darüber zum Ausdruck. Eine Schülerin kann gut organisieren? Lassen Sie sie das Klassenfrühstück organisieren und begleiten Sie die Planung, ohne sich aufzudrängen. **Ermutigen** Sie dazu, ein neues, realistisches Ziel anzugehen, und geben Sie **hilfreiche Rückmeldungen**, indem Sie Stärken und Möglichkeiten zur Weiterarbeit einfühlsam herausstellen. Aber Vorsicht: Loben Sie überschwänglich eine Nichtigkeit, leitet ein Kind daraus ab, dass Sie ihm nicht viel mehr zutrauen, als beispielsweise die Aufgabenstellung vorzulesen. Besprechen Sie Noten oder nutzen Sie Bögen zur Selbstreflexion (etwa als Alternative zur klassischen „Berichtigung"), um die **Fähigkeit zur realistischen Selbsteinschätzung** zu fördern. Viele Schüler*innen beurteilen sich zu schlecht und übersehen ihre Stärken.

Freuen Sie sich mit den Lernenden über ihre **Erfolge**, fragen Sie nach, was sie bei der Vorbereitung auf die Klassenarbeit anders gemacht haben, um die Strategie als **Schatzstrategie** bewusst zu machen.

[11] Innerhalb des Classroom Managements geht es um die Gestaltung von Unterrichtssettings, die es allen Schüler*innen ermöglichen, bestmöglich vom Unterricht profitieren zu können und die bei den Schüler*innen Lerninteressen und Lernfreude wecken.

Werden Sie sich Ihrer eigenen Stärken bewusst. Fällt Ihnen dies schwer, erinnern Sie sich an positive Rückmeldungen, die Sie von Ihren Schüler*innen oder Kolleg*innen erhalten haben. Scheuen Sie sich nicht, auch einmal nachzufragen. Entscheiden Sie sich dann für eine Stärke und formulieren Sie eine Affirmation, die sich für Sie motivierend und stimmig anfühlt, z. B. *„Ich gebe den Kindern Halt"* oder: *„Ich gebe den Kindern Raum, über sich hinauszuwachsen"*. Sprechen Sie diesen Satz für einen Zeitraum von mindestens sechs Wochen täglich laut und so überzeugt wie möglich aus. Fühlen Sie hinein, welche Gefühle hierbei auftauchen, ohne diese zu bewerten. Innere Widerstände können ein Zeichen dafür sein, dass Sie Ihr Selbstbild aktiv verändern.

Auch Schüler*innen tun solche Affirmationen gut. Mit den Kindern meiner Klasse spreche ich täglich gemeinsam „unsere drei Sätze", die wir mit passenden Gesten untermalen:

1. Ich mag mich.
2. Ich bin wunderbar – genauso wie ich bin.
3. Ich trage dazu bei, dass die Welt ein guter Ort ist.

Es ist wundervoll, mitzuerleben, wie die anfängliche Unsicherheit einer immer größeren und lauteren Freude an diesen Sätzen weicht. Stellen Sie sich vor, wie viel Kraft diese Überzeugungen freisetzen können, wenn sie langfristig im Bewusstsein Ihrer Schüler*innen verankert werden.

Das Kind in mir …

Material
- ✓ Ein weißes Blatt Papier (DIN A4) und ein Stift für jede*n Schüler*in

Zielsetzung und Einsatzmöglichkeiten
- ✓ Reaktion auf Äußerungen über fehlende Interessen, Stärken oder Ziele
- ✓ Aufspüren eigener Interessen, Stärken, Bedürfnisse und Ziele

Hinweis

Der Kontakt mit dem eigenen inneren Kind kann herausfordern, weshalb hier eine stärkende Imagination vorangestellt sowie **eine positive Ausrichtung auf einen glücklichen Moment der Kindheit** vorgenommen wird. Wenn Sie die Klasse nicht gut kennen, kann vorab auch ein Gespräch mit der Klassenleitung hilfreich sein.

Vorbereitung
Lesen Sie sich den Text der Übung durch und finden Sie ein angemessenes Tempo und eine beruhigende Sprechweise.

Hinführung
Bitten Sie die Schüler*innen, eine bequeme, aufrechte Haltung einzunehmen, und führen Sie langsam in die Übung ein.

Durchführung
Leiten Sie die Übung mit den folgenden Worten an. Machen Sie beim Vorlesen Pausen.

„Mach es dir auf deinem Stuhl gemütlich. Deine Füße stehen fest auf dem Boden. Bemühe dich um eine aufrechte, aber nicht starre Position deiner Wirbelsäule. Ziehe deine Schultern zu den Ohren und rolle sie dann nach hinten/unten. Wiederhole diese Bewegung, wenn du möchtest. Schließe nun deine Augen, um das Außen für einen Moment zu vergessen und den Blick nach innen zu richten … Schenke dir selbst innerlich ein freundliches Lächeln. Konzentriere dich für ein paar Atemzüge ganz bewusst auf deinen Atem, ohne ihn zu verändern … Vielleicht kannst du auch deinen Herzschlag wahrnehmen? Atme ganz bewusst in deinen Herz-

raum. Spüre dann bewusst in deine Füße. Nimm wahr, wie sie fest mit dem Boden verankert sind … Stell dir vor, dass aus ihnen Wurzeln wachsen, immer weiter nach unten in den Boden, immer tiefer und tiefer in die Erde. Von dort nehmen sie eine schützende und stärkende Energie auf, die über die Wurzeln in deine Füße fließt. Vielleicht spürst du nun ein Kribbeln oder eine Wärme oder etwas anderes in deinen Füßen …
Von deinen Füßen aus wandert diese Energie durch deine Beine weiter nach oben, fließt durch deinen Bauch und deinen Rücken, deine Brust, deine Schultern, in deine Arme und Hände, durch deinen Hals, in deinen Kopf, dein Gesicht. Du fühlst dich getragen und gestärkt durch die Energie der Erde …
Vor deinem inneren Auge siehst du nun eine Tür. Sieh sie dir genau an. Aus welchem Material besteht sie? Welche Farbe hat sie? … Du gehst neugierig auf sie zu und drückst vorsichtig die Klinke hinunter. Die Tür öffnet sich mit einem angenehmen Geräusch. Du trittst leise in das Zimmer und siehst ein kleines Kind, das ganz in sich versunken spielt. Du schaust fasziniert zu, mit wie viel Freude das Kind spielt. Es scheint alles um sich herum zu vergessen … Beim Näherkommen siehst du, dass du dieses Kind bist, du vor *(passende Zahl einsetzen)* Jahren.
Es lächelt dich glücklich an. Womit beschäftigt sich das Kind gerade? Schau ihm ein wenig dabei zu oder erkundige dich, was es genau macht … Frag es, womit es sich sonst gerne beschäftigt. Bei welcher Tätigkeit kann es alles um sich herum vergessen? Vielleicht möchte das Kind dir davon erzählen? …
Du betrachtest auch das Zimmer aufmerksam, denn auch daran kannst du ablesen, was dem Kind Spaß macht oder was ihm wichtig ist … Möchtest du dem Kind noch etwas sagen? Oder hat es eine Botschaft für dich? …Du spürst, dass es Zeit wird, dich von dem Kind zu verabschieden. Vielleicht winkst du ihm zu oder du nimmst es in den Arm. Du bedankst dich dafür, dass du ihm zusehen durftest und es dir deine Fragen beantwortet hat. Dann wünschst du ihm viel Spaß bei seinem weiteren Spiel und bewegst dich langsam wieder auf die Tür zu. Du verlässt den Raum und schließt die Tür mit einem wohligen Gefühl und einem Lächeln im Gesicht …

Allmählich nimmst du wieder den Stuhl wahr, auf dem du sitzt, und spürst die Berührung deiner Füße auf dem Boden. Lass deine Atmung wieder tiefer werden und nimm ein paar ganz bewusste Atemzüge. Bring wieder Bewegung in deinen Körper, indem du deine Hände zu Fäusten ballst und wieder löst, deine Arme bewegst, die Füße kreist, dich reckst und streckst… Wenn du so weit bist, öffne langsam deine Augen und kehre zurück ins Hier und Jetzt."

Bitten Sie die Schüler*innen, für sich zu notieren, was sie während der Meditation gesehen oder erfahren haben. Sie können dazu auch die folgenden Satzanfänge anbieten: *„Als Kind habe ich gerne…"*; *„Ich habe alles um mich herum vergessen, wenn …"*; *„Besonders wohlgefühlt habe ich mich, wenn…"*

Optionale Kurzreflexion

Heben Sie hervor, dass kleine Kinder oft einen besonders guten Zugang zu ihrer Intuition haben und einfach der Freude folgen, weil unsere inneren Kritiker zu der Zeit noch nicht ausgebildet sind. Ein Kind malt begeistert, egal ob es viel Talent besitzt oder nicht. Erst später lähmen wir uns mit Zweifeln oder Abwertung, weil wir widerspruchslos glauben, was andere uns signalisieren. Wir verlieren den Spaß und die Zuversicht, bis wir einer Tätigkeit vielleicht sogar gar nicht mehr nachgehen. Erfolgreiche, talentierte Sänger*innen berichten, sie hätten sich lange Zeit gar nicht mehr getraut, zu singen, weil jemand zu ihnen gesagt habe, sie könnten es nicht. Viel zu leicht glauben wir anderen und vermeiden bestimmte Aktivitäten, obwohl sie uns viel Spaß machen oder sogar richtig gut liegen.

⇨ Welche Tätigkeiten sind dir gerade eingefallen?
⇨ Gehst du ihnen noch nach? Wie würde es sich anfühlen, wieder zu (malen/tanzen/…)? Was hindert dich ggf. daran?
⇨ Was kann jemand, der gut (malen/tanzen …) kann? In welchen Lebensbereichen sind diese Stärken nützlich? (vgl. Übung „Stärkenfinder", S. 67 f.)
⇨ Hast du Lust, diese wieder stärker in dein Leben einzuladen? Was kannst du konkret tun?

Mein Krafttier

Material
- ✓ Ggf. ein weißes Blatt Papier (DIN A4) und ein Stift für jede*n Schüler*in (gerade für jüngere Schüler*innen gerne auch Buntstifte)
- ✓ Evtl. Entspannungsmusik und ein Abspielgerät

Zielsetzung und Einsatzmöglichkeiten
- ✓ Stärkung der eigenen Zuversicht und Motivation
- ✓ Inspiration bei der konkreten Vorstellung eines Ziels
- ✓ Nutzung eigener Ressourcen bei der Umsetzung von Zielen

Vorbereitung Lesen Sie sich den Text der Übung zunächst selbst durch und finden Sie ein angemessenes Tempo und eine beruhigende Sprechweise.

Hinführung Falls gewünscht, schalten Sie die Entspannungsmusik an. Bitten Sie die Schüler*innen, eine bequeme, aufrechte Haltung einzunehmen, und führen Sie langsam in die Übung ein.

Durchführung Leiten Sie die Übung etwa folgendermaßen an. Machen Sie beim Vorlesen Pausen, um Raum für Vorstellung und Entspannung zu gewähren:

„Mach es dir auf deinem Stuhl gemütlich. Deine Füße stehen fest auf dem Boden. Bemühe dich um eine aufrechte, aber nicht starre Position deiner Wirbelsäule. Ziehe deine Schultern zu den Ohren und rolle sie dann nach hinten/unten. Wiederhole diese Bewegung, wenn du möchtest. Schließe nun deine Augen, um das Außen für einen Moment zu vergessen und den Blick nach innen zu richten ... Schenke dir selbst innerlich ein freundliches Lächeln. Konzentriere dich für ein paar Atemzüge bewusst auf deinen Atem, ohne ihn zu verändern... Vielleicht kannst du auch deinen Herzschlag wahrnehmen? Atme ganz bewusst in deinen Herzraum oder den Raum, in dem du dein Herz vermutest...
Stell dir vor, dass du dich in einer wunderschönen Landschaft befindest. Vielleicht ist sie dir aus einem Urlaub, von einem

Spaziergang oder aus einem Film bekannt, vielleicht entsteht sie einfach gerade in deiner Fantasie. Schau dich genau um: Was kannst du sehen... hören... spüren...?
Du siehst vor dir einen einladend aussehenden Stein, dem du dich nun näherst. Setz dich gemütlich auf diesen Stein...

Varianten **optional, gerade für ältere Schüler*innen:** Denke nun für einen Moment an das, was du gerne erreichen oder umsetzen würdest... Und während du noch an dein Ziel denkst, siehst du etwas am Horizont auftauchen.

In der Ferne siehst du etwas auf dich zukommen. Du kannst es noch nicht erkennen, denn es ist noch zu weit weg und doch freust du dich schon jetzt darauf, dass es näher kommt. Irgendwann kannst du ausmachen, dass es sich um ein Tier handelt... Es ist dein persönliches Krafttier, das sich für dich ganz vertraut und wertvoll anfühlt. Dein Krafttier entstammt deiner Intuition, deiner inneren Energie und es möchte, dass du diese innere Energie in dir entdeckst...

Deshalb kommt dein Krafttier jetzt zu dir, um dir zu helfen, dich zu unterstützen und zu stärken. Kannst du erkennen, um welches Tier es sich bei deinem Krafttier handelt? Ist es ein reales Tier oder ein Fabelwesen? ... Wie sieht es genau aus? ... Endlich steht es vor dir und du stehst auf und begrüßt dein Krafttier. Vielleicht möchtest du es streicheln oder in den Arm nehmen. Du genießt seine Nähe und spürst, dass es immer für dich da ist. Wie möchtet ihr die nächsten Minuten miteinander verbringen? Vielleicht geht ihr ein Stück spazieren, redet miteinander oder haltet euch einfach im Arm? Oder noch etwas anderes? (längere Pause)

Du siehst deinem Krafttier noch einmal ganz bewusst in die Augen und freust dich so sehr, dass du es getroffen hast. Auch wenn du die wunderschöne Landschaft gleich wieder verlassen wirst, weißt du genau, dass dein Krafttier dich immer begleitet und du auch zu jeder Zeit an diesen Ort zurückkehren kannst.

Du spürst, dass es nun Zeit ist, dich von diesem Ort zu verabschieden. Sieh dich noch einmal um und bedanke dich bei deinem Krafttier dafür, dass es sich dir gezeigt hat und von nun an immer bei dir sein wird. Du lächelst es an und es lächelt zurück... Vielleicht möchtest du es auch noch einmal umarmen?...

Spüre nun wieder ganz bewusst den Boden unter deinen Füßen und den Stuhl, auf dem du sitzt. Nimm ein paar ganz bewusste Atemzüge und aktiviere deinen Körper durch das Ballen und Loslassen deiner Fäuste, durch ein Kreisen der Handgelenke, durch das Bewegen von Füßen und Beinen, durch Rekeln und Strecken. Wenn du so weit bist, öffne langsam wieder deine Augen und kehre zurück ins Hier und Jetzt."

Gerade für **jüngere Kinder** kann es schön sein, (anstelle einer Reflexion bzw. währenddessen) dieses Krafttier aufzumalen.

Optionale Kurzreflexion

- ⇨ Welche Krafttier hat sich dir gezeigt? Hat es eine Botschaft für dich?
- ⇨ Welche Eigenschaften teilt ihr?
- ⇨ Von welchen Stärken deines Krafttieres kannst du profitieren?
- ⇨ In welchen Situationen kannst du dich zukünftig mit deinem Krafttier verbinden? Wie oder wobei kann es dich unterstützen?
- ⇨ Wo möchtest du ein Bild deines Krafttieres aufbewahren, sodass du dich ihm im Alltag besonders nah fühlen kannst?

Das Interview

Material
- ✓ Ein weißes Blatt Papier (DIN A4) und ein Stift für jede*n Schüler*in

Zielsetzung und Einsatzmöglichkeiten
- ✓ Konstruktiver, resilienter Umgang mit Misserfolgen
- ✓ Bewusstmachung und Erweiterung der eigenen Strategien und Ressourcen im Sinne eines Lernens am Modell
- ✓ Schaffung von Inspiration und Motivation
- ✓ Orientierungshilfe – beispielsweise bei der Berufsorientierung

Vorbereitung

Überlegen Sie sich vorher – vielleicht inspiriert durch die Ideen in der „Hinführung" (siehe unten) – ein Misserfolgserlebnis, das Sie thematisieren können und wollen.

Hinführung

Setzen Sie sich vor Ihre Schüler*innen und berichten Sie von einem Misserfolgserlebnis, das glaubwürdig zu Ihnen passt. Natürlich müssen Sie dabei nicht zu persönlich werden, aber eine Erzählung von einem missglückten Kuchen oder der Herausforderung, die Bitte eines Familienmitgliedes abzulehnen, sind sicher möglich.
Ermutigen Sie die Schüler*innen, selbst von solchen Erfahrungen zu berichten, aber zwingen Sie natürlich niemanden. Diese Herangehensweise stellt eine Umkehrung dar, denn es fällt uns meist viel leichter, zu benennen, was wir nicht können, als Ziele zu definieren.

Leiten Sie zu der eigentlichen Übung über, indem Sie – passend zu Ihrem Misserfolgserlebnis – die folgende Strategie vorstellen: *„Ich wette, meiner Patentante wäre das nie passiert mit dem Kuchen. Sie ist eine fantastische Bäckerin. Bestimmt hat sie einen guten Tipp für mich, was ich in Zukunft tun kann, um leckere, schöne Kuchen zu backen, die nicht zusammenfallen."*

Durchführung

Die Schüler*innen überlegen, wer mit Blick auf ihre persönliche Herausforderung ein*e gute*r Ansprechpartner*in sein könnte. Weisen Sie schon jetzt darauf hin, dass diese Person auch wirklich erreichbar sein sollte.
Im nächsten Schritt formulieren sie eine Begründung, warum bzw. worin genau die Person über „Expertenwissen" verfügt, von dem sie gerne profitieren würden. Geben Sie hier ruhig eine sprachliche Struktur vor. Es ist hilfreich, hier positiv zu formulieren (*„Ich möchte gerne leckere, attraktive Kuchen backen"* statt: *„Ich möchte, dass meine Kuchen nicht mehr in sich zusammenfallen"*).

Beispiel
Meine Herausforderung: *„Ich möchte gerne bessere Vokabeltests schreiben."*
Experte/Expertin: *„(Name), weil sie immer so gute Tests in Französisch schreibt."*
Meine Fragen an (Name):
„Wie genau lernst du?"
„Wie oft in der Woche und wie lange lernst du?"
„Was machst du, wenn du dir eine Vokabel partout nicht merken kannst?"
„Was machst du, wenn du keine Lust auf Vokabeln hast?" etc.

Thematisieren Sie mit den Schüler*innen, ob und wann Sie dieses Interview noch einmal aufgreifen werden, (sicherlich gewinnbringend für die ganze Lerngruppe). Sie können aber auch abschließend den individuellen Ertrag betonen und die Übung an dieser Stelle beenden.

Optionale Kurzreflexion

- ⇨ Welchen Weg aus der Hilflosigkeit haben wir heute thematisiert?
- ⇨ Welche Expert*innen hast du in der Vergangenheit schon einmal befragt? Inwiefern hat es dir geholfen?
- ⇨ In welchem Gebiet kannst du dein Wissen nutzen, um andere zu unterstützen?
- ⇨ Wen möchtest du gerne „interviewen"?

SOS-Notfallkärtchen

Material

- ✓ Tafel und Kreide (in mindestens zwei Farben) oder eine vergleichbare Visualisierungsmöglichkeit
- ✓ Etwa fünf einfarbige Kärtchen (z. B. Karteikärtchen) und mindestens ein Stift; besser jedoch jeweils ein roter und ein grüner Stift für jede*n Schüler*in

Zielsetzung und Einsatzmöglichkeiten

- ✓ Hilfe zur Selbsthilfe in für Schüler*innen kritischen Situationen
- ✓ Stärkung von Selbstvertrauen und Selbstwirksamkeit

Vorbereitung

Wenn Sie ungeübt sind, können Sie das Zeichnen der Gesichtsausdrücke, Blitze etc. ggf. vorher einmal ausprobieren (siehe „Hinführung").

Hinführung

Zeichnen Sie Hals und Kopf eines Kindes – ggf. als Strichmännchen – an die Tafel. Das Gesicht des Kindes erscheint – z. B. durch einen traurigen Mund – unglücklich und um seinen Kopf finden sich Blitze oder Wirbel und die Buchstaben „SOS". Lassen Sie die Schüler*innen darüber spekulieren, in welcher problematischen Situation sich das Kind befinden könnte, und notieren Sie die Ideen um den Kopf herum (z. B. *„Es kann sich an die Hausaufgabe nicht erinnern"*, *„Es schreibt bald eine Mathearbeit und versteht das neue Thema nicht"*, *„Die beste Freundin verhält sich abweisend und es hat keine Ahnung, warum sie wütend sein könnte"*).

Durchführung

In einem nächsten Schritt suchen die Schüler*innen Auswege nach dem „Wenn-dann"-Prinzip: *„Wenn ich mich nicht an die Hausaufgabe erinnere, dann rufe ich meine Lernpartnerin an."* Notieren Sie die Lösungen an der Tafel, wenn möglich in einer anderen Farbe.
Fragen Sie die Schüler*innen, ob sie zu bestimmten Situationen weitere Lösungsvorschläge nach dem „Wenn-dann"-Prinzip wünschen.

Teilen Sie die Karteikarten aus. Die Schüler*innen können nun selbst auswählen, welche Situationen für sie passend sind, und sich entsprechende SOS-Notfallkärtchen anfertigen: Auf die eine Seite schreiben sie in Rot die „Wenn"-Bedingung und auf die Rückseite in ihrer Lieblingsfarbe die „Dann"-Lösung. Da diese positiv besetzt sein sollen, sind natürlich auch Verzierungen oder Zeichnungen erlaubt.

Optionale Kurzreflexion

- ⇨ Wo möchtest du deine SOS-Notfallkärtchen aufbewahren?
- ⇨ Was kannst du zukünftig tun, wenn du dich in einer SOS-Situation befindest, aber dir selbst keine „Dann"-Lösung einfällt?
- ⇨ Gibt es noch eine Situation, für die du Inspiration der Lerngruppe für Lösungsideen wünschst?
- ⇨ Welche Ansprechpartner*innen gibt es für die Schüler*innen (auch an Ihrer Schule), falls das „Wenn"-Problem so gravierend ist, dass es nicht so einfach mit einem SOS-Notfallkärtchen gelöst werden kann?

Mein Rettungsring bei Stimmungstiefs

Material
- ✓ Tafel und Kreide (in mindestens zwei Farben) oder eine vergleichbare Visualisierungsmöglichkeit
- ✓ Ggf. die Abbildung eines Rettungsringes
- ✓ Ein Blatt Schreibpapier (DIN A4) und mindestens ein Stift, idealerweise auch ein roter Stift für jede*n Schüler*in

Zielsetzung und Einsatzmöglichkeiten
- ✓ Hilfe zur Selbsthilfe in für Schüler*innen kritischen Situationen
- ✓ Stärkung von Selbstvertrauen, Selbstwirksamkeit und Selbstfürsorge

Vorbereitung

Halten Sie ggf. ein Bild eines Rettungsrings zum Nachzeichnen oder Visualisieren für die Schüler*innen bereit.

Hinführung

Leiten Sie die Übung mit folgenden Worten ein:

„Wenn wir in einem Stimmungstief gefangen sind, ist es manchmal gar nicht so leicht, dort wieder herauszufinden. Deshalb ist es hilfreich, Ideen zu sammeln, auf die wir in schwierigen Zeiten zurückgreifen können."

Lassen Sie die Schüler*innen ggf. ein paar Beispiele für ein Stimmungstief nennen und stellen Sie dann in Aussicht, dass sie gleich über einen Rettungsring verfügen werden, mit dem sie sich selbst wieder nach oben befördern können.

Durchführung

Malen Sie einen Rettungsring an die Tafel und bitten Sie die Schüler*innen mit folgenden Fragen um Ideen, die Sie festhalten: *„Was hat in der Vergangenheit bei einem Stimmungstief gut für dich funktioniert? Was hat dir schon einmal geholfen, dich besser zu fühlen?"*

Möglicherweise inspirieren auch ein paar Beispiele Ihre Schüler*innen zu weiteren Ideen: ein heißes Bad, die beste Freundin anrufen, mit dem Hund spazieren gehen, das Musikinstrument, eine Joggingrunde, eine Tasse Tee, laute Musik…

Es ist jedoch besser, wenn die Ideen von Ihren Schüler*innen kommen.

Je nach Zeit und Vorerfahrung kann es sinnvoll sein, in diesem Zusammenhang die Bedeutung von Bewegung zu thematisieren. Unsere Vorfahren (siehe auch Übung „Der Höhlenmensch bei Instagram", S. 47 f.) reagierten ihre Frustration und ihren Stress nämlich zeitnah ab: Sie bekämpften den Eindringling oder rannten um ihr Leben. Wir behalten heute unsere Stresshormone jedoch meist im Körper. Laden Sie die Schüler*innen deshalb dazu ein, darüber nachzudenken, wie viel Bewegung in ihrem Alltag stattfindet, und zu beobachten, ob sie Frust oder einem Stimmungstief durch Bewegung entkommen können.

Die Schüler*innen gestalten ihr Blatt Papier nun mit der Überschrift dieser Übung. Wenn genügend Zeit vorhanden ist, können die Schüler*innen einen Rettungsring dazu zeichnen. Ihre Aufgabe ist es anschließend sich auf ihre persönlichen „Rettungsideen" zu konzentrieren und diese aufzuschreiben, wobei sie neben eigenen Ideen natürlich die an der Tafel gesammelten Antworten berücksichtigen können. Auch hier können Sie dazu anregen (wenngleich natürlich nicht vorschreiben), auch bewegungsbezogene Strategien aufzugreifen. Die künstlerische Gestaltung kann auch zu einem späteren Zeitpunkt (z. B. zu Hause) erfolgen.

Optionale Kurzreflexion

- ⇨ Wo möchtest du deinen „Rettungsring" aufbewahren, um dich in einem akuten Stimmungstief auch wirklich daran zu erinnern?
- ⇨ Gibt es noch Bereiche, in denen dir bisher kein rettender Gedanke gekommen ist? Möchtest du Anregungen aus der Gruppe dazu haben?
- ⇨ Mit wem möchtest du über deinen „Rettungsring" sprechen, damit er/sie dich in diesen Fällen auch unterstützen und z. B. daran erinnern kann?
- ⇨ Welche Unterstützung wünschst du dir?

Auf Erfolgskurs

Material

- ✓ Tafel und Kreide oder eine vergleichbare Visualisierungsmöglichkeit
- ✓ Ein weißes Blatt Papier (DIN A4) und Stift für jede*n Schüler*in
- ✓ Für die optionale Hausaufgabe: Smartphones, Drucker, Papier, Klebstoff, Schere und Stifte

Zielsetzung und Einsatzmöglichkeiten

- ✓ Definition von Erfolg
- ✓ Bewusstmachung von individuellen Erfolgen
- ✓ Entwicklung von Selbstbewusstsein und Mut, Neues auszuprobieren

Vorbereitung

Überlegen Sie ggf., welchen Erfolg Sie mit den Schüler*innen teilen möchten. Dieser sollte als Beispiel inspirieren, das die Schüler*innen nicht einschüchtert, bei dem Sie aber auch nicht zu viel von sich preisgeben müssen.

Hinführung

Schreiben Sie das Wort „Erfolg" an die Tafel, geben Sie ggf. kurz Zeit zum Überlegen oder zum Austausch mit den Sitznachbar*innen und stellen Sie dann eine gemeinsame Definition auf. Diese sollte offen und positiv formuliert sein, z. B.: *„Mit Erfolg ist alles gemeint, was in uns ein Gefühl von Zufriedenheit und Stolz auslöst."*

Durchführung

Die Schüler*innen denken an mindestens drei Situationen, in denen sie erfolgreich waren. Entlasten Sie Ihre Schüler*innen, indem Sie an die aufgestellte Definition erinnern: Es geht nicht um Pokale und Auszeichnungen, sondern es können auch vermeintlich kleine Erlebnisse sein, z. B. *„Ich habe meinem Bruder bei den Mathehausaufgaben helfen können"*, *„Ich habe ganz allein eine Torte gebacken"* oder: *„Ich habe die Möbel in meinem Zimmer umgestellt, sodass es jetzt viel gemütlicher ist"*. Geben Sie den Schüler*innen ausreichend Zeit für diesen Schritt, aber erfragen Sie zwischendurch gerne bisherige Ideen, denn diese Inspirationen können für diejeni-

gen Schüler*innen hilfreich sein, denen zunächst keine Erfolgserlebnisse einfallen.
Sammeln und würdigen Sie alle genannten Erfolgserlebnisse. Seien Sie dabei entweder besonders wachsam oder formulieren Sie vorab eine entsprechende Regel (z. B. *„Wir würdigen alle Erfolgserlebnisse, auch wenn sich etwas für uns nicht nach Erfolg anfühlen könnte. Wir lachen niemanden aus, sondern freuen uns mit den anderen über das Erreichte"*). Es ist wichtig, dass hier positive Emotionen entstehen. Betonen Sie, dass Erfolg sehr individuell ist.

Wenn Sie möchten, können Sie die Übung durch folgende Hausaufgabe vertiefen: *„Wähle zu jeder deiner gewählten Situationen ein Foto von deinem Smartphone und drucke es zu Hause oder an einer Fotostation aus. Du kannst auch Bilder aus dem Internet heraussuchen, die dich an die Situation erinnern, wenn es zum Beispiel von deiner Torte kein Foto gibt. Zudem kannst du erhaltenes Lob/Dank in Form von einzelnen Wörtern, einer ganzen Textnachricht, einer Sprechblase etc. ergänzen. Alternativ kannst du auch rein digital, z. B. mit einer App, eine Collage mit den Bildern, Wörtern etc. gestalten."*
Bei der Auswertung der Hausaufgabe können Sie nicht nur die Erfolge (und die gestalterische Umsetzung) würdigen. Es bietet sich auch eine Vertiefung im Sinne einer Stärkenidentifikation an: *„Welche Stärken haben dir dabei geholfen, diesen Erfolg zu erzielen?"*

Optionale Kurzreflexion

- ⇨ Wie bist du bisher mit deinen Erfolgen umgegangen?
- ⇨ Warum fällt es so schwer, eigene Erfolge anzuerkennen?
- ⇨ Wie kannst du zukünftig dein Bewusstsein für Erfolge schärfen?
- ⇨ Was kannst du selbst tun, um Erfolge für dich anzuerkennen und zu feiern?
- ⇨ Ist dir selbst bewusst, welche Stärken dir bei der Umsetzung geholfen haben?
- ⇨ Wie reagierst du auf Erfolge anderer? Wie möchtest du zukünftig darauf reagieren?

Stärkenfinder

Material

- ✓ Tafel und Kreide oder eine vergleichbare Visualisierungsmöglichkeit
- ✓ Ggf. ein weißes Blatt Papier (DIN A4) und ein Stift für jede*n Schüler*in

Zielsetzung und Einsatzmöglichkeiten

- ✓ Bewusstmachung eigener Stärken, ausgehend von Interessen
- ✓ Ausweitung und Transfer dieser Stärken auf andere Bereiche

Vorbereitung Es ist keine Vorbereitung notwendig.

Hinführung Teilen Sie Ihr eigenes Hobby mit den Schüler*innen und lassen Sie anschließend nach der Blitzlichtmethode jedes Kind sein liebstes Hobby nennen. Achten Sie dabei darauf, welches Hobby besonders häufig genannt wird, um es später als besonders repräsentatives Beispiel nutzen zu können.

Durchführung Schreiben Sie das meistgenannte Hobby in die Mitte der Tafel und kreisen Sie das Wort ein. Vielleicht ist es „Fußball".

Fragen Sie: *„Was kann denn jemand gut, der Fußball spielt?"* Schreiben Sie die genannten Stärken um das Wort „Fußball" herum. Mögliche Ergebnisse wären in diesem Beispiel etwa „Teamfähigkeit", „Ausdauer", „Disziplin", „Selbstrücknahme für das Team", „Zuverlässigkeit", „Hartnäckigkeit" etc. Würdigen Sie die Vielzahl an Stärken, die sich aus diesem Hobby ergeben. Bestimmt sind viele Schüler*innen überrascht über diese neue Perspektive auf das Hobby.

Überlegen Sie gemeinsam mit den Schüler*innen, auf welche anderen Lebensbereiche sich diese Stärken übertragen lassen.

Tipp Je nach Alter der Schüler*innen ist hier auch eine Anlehnung an die Berufsorientierung denkbar. Betonen Sie die Verbindung von Interessen und Stärken, da Schüler*innen und Schülern diese häufig nicht bewusst ist.

Je nach Restzeit können auch die anderen Schüler*innen überlegen, welche Stärken ihre Interessen über sie aussagen, und dies verschriftlichen. Es ist auch denkbar, dass Sie diesen Schritt zu einem späteren Zeitpunkt umsetzen oder eine entsprechende Hausaufgabe stellen.

Optionale Kurzreflexion

- ➪ Was sagt dein Hobby über deine Stärken aus?
- ➪ Welche Stärke hast du erst durch Ausübung deines Hobbys ausgebildet?
- ➪ In welchen anderen Lebensbereichen profitierst du von bzw. nutzt du diese Stärken?
- ➪ Wozu können sie dir darüber hinaus oder später noch dienen?

EIGENVERANTWORTUNG

Hinweise zum Thema

„Die größte Entscheidung deines Lebens liegt darin, dass du dein Leben ändern kannst, indem du deine Geisteshaltung änderst.“ [12]
(Albert Schweitzer)

Wenn Sie den Ausführungen über die Macht der eigenen Gedanken bis hierhin gefolgt sind, sind Sie hoffentlich auch bereit, den nächsten Schritt zu gehen. Denn jetzt geht es darum, nicht mehr nur die **Verantwortung** für seine Gedanken, sondern für sein ganzes Leben zu übernehmen. Vielleicht überrascht Sie der Gedanke, Sie hätten dies bisher noch nicht getan, immerhin sind Sie doch erwachsen?! Aber wie oft geben wir die Verantwortung für das, was in unserem **Leben** existiert, ab? Wir wären ja pünktlich gewesen, aber es war so viel Verkehr. Wir würden dem leistungsschwachen Schüler ja gerne mehr Unterstützung bieten, aber bei dieser Kursgröße können wir uns unmöglich intensiv um alle Kinder kümmern etc.
Der **Schritt in die Eigenverantwortung** ist eine Entscheidung, nach Albert Schweitzer sogar die **größte Entscheidung**, die viel Mut und Anstrengungsbereitschaft erfordert, denn natürlich ist es leichter, **in der Opferrolle zu verharren**. Ein eigenverantwortlicher Mensch hingegen ändert diese Geisteshaltung, d. h. er tritt aus dieser Opferhaltung heraus und fragt nach seinem Anteil an der Situation, lotet seinen Einflussbereich aus und wird aktiv.
Erst wenn wir uns ehrlich eingestehen, dass alles, was wir in unserem Leben vorfinden, etwas mit uns zu tun hat, können wir als Kapitän*in unseres Lebens wirklich **das Steuerrad in die Hand nehmen**. Auf hoher See helfen auch keine Ausflüchte, wenn wir unser Schiff sicher in den Hafen bringen möchten.
Die Übernahme dieser Verantwortung gelingt nicht von heute auf morgen, aber wie in dem Zitat von Albert Schweitzer angedeutet, liegt hierin die vielleicht größte Chance für ein Leben, das unserem wahren Wesenskern entspricht und uns **unser Potenzial voll ausschöpfen** lässt.

Eigenverantwortung ist nicht nur anstrengend, sondern wird manchmal auch **durch Emotionen erschwert**. Starke Gefühle wie Angst oder Wut sorgen dafür, dass wir gar nicht mehr klar denken können und uns an der Übernahme von Verantwortung hindern. Sicher haben Sie sich nach einem heftigen Streit schon einmal gewünscht, Sie hätten die beleidigende Aussage unterlassen. Oder Sie haben sich gefragt,

[12] Quelle: Weber, Einhard (Hrsg.): Das Buch der Albert Schweitzer Zitate (Beck'sche Reihe), Verlag C.H. Beck: München, 2013, S. 263

warum auf einmal völlige Leere im Kopf herrschte. Vielleicht hörte man von Ihnen auch nur noch das Knallen einer zufallenden Tür. Wir fallen in stressigen Momenten nämlich häufig zurück in den ältesten Teil unseres Gehirns, unser Reptiliengehirn[13], das nur zwischen den folgenden drei Möglichkeiten wählen kann: „Kampf!", „Flucht!" oder „Totstellen!".
Resilienten Menschen fällt es leichter, diese Automatismen zu unterbrechen, denn sie verfügen über Möglichkeiten der **Emotionssteuerung** und **Impulskontrolle**. Sie können ihre Gefühle benennen und mehr oder weniger bewusst steuern, sie müssen nicht gleich auf jeden Reiz – sei es nun eine vermeintliche Provokation oder das Signal einer neuen E-Mail – reagieren. Um bei dem Bild mit dem*der Schiffskapitän*in zu bleiben, beurteilt ein resilienter Mensch sein aktuelles Fahrwasser und kann den Kurs bewusst verändern, von dem er sich jedoch nicht mit jeder Windböe abbringen lässt. Gerade für Heranwachsende sind **Emotionssteuerung und Impulskontrolle**, bedingt durch ihren pubertären Hormon-Cocktail und die Suche nach der eigenen Identität, herausfordernd, weshalb die **Erfahrung des eigenen Einflusses** auf ihre Gefühlslage mithilfe reproduzierbarer Strategien für sie **besonders heilsam** sein kann. Zusätzlich unterstützen sie die Übungen aus dem Kapitel „Akzeptanz" in dem befreienden Wissen, dass Gefühle oder Umstände einfach „da" sein dürfen.

Scannen Sie sich und Ihre Umwelt nach Ausflüchten. In welchen Situationen weichen Sie der Verantwortung für Ihr (unterlassenes) Handeln aus? Welche ungeliebten Verhaltensweisen entschuldigen Sie so vor sich selbst oder anderen und warum tun Sie dies? Wie fühlt es sich an, wenn Sie in dieser Situation Schuldgefühle zulassen? Gibt es bestimmte Reize, die Sie triggern und zu dem Verhalten führen? Beobachten Sie zunächst nur, ohne aktiv zu werden, um die Aufmerksamkeit für dieses Verhaltensmuster zu stärken. Loten Sie in einem nächsten Schritt aus: Warum weiche ich aus? Welchen vermeintlichen Gewinn generiere ich so (sonst würde ich es ja nicht tun!)? Welche alternativen Verhaltensweisen möchte ich ausprobieren? Gibt es etwas, was ich tun kann, um die Situation zu verbessern?

[13] Als „Reptiliengehirn" wird der Hirnstamm bezeichnet. Es ist der älteste und am tiefsten liegende Teil des menschlichen Gehirns. Bei Reptilien macht dieser Bereich sogar fast das gesamte Gehirn aus – daher die Bezeichnung.

Ich denke, ich hatte gar keine andere Wahl

Material ✓ Ein weißes Blatt Papier (DIN A4) und ein Stift für jede*n Schüler*in

Zielsetzung und Einsatzmöglichkeiten
✓ Bewusstwerdung eigener Interpretations- und Handlungsspielräume sowie des Zusammenhanges zwischen unseren Entscheidungen und den Ergebnissen in unserem Leben
✓ Entscheidung für Eigenverantwortung
✓ Gesprächsanlass bei mangelnder Übernahme von Eigenverantwortung

Vorbereitung Es ist keine Vorbereitung notwendig.

Hinführung Teilen Sie den Schüler*innen mit, dass Sie ihnen nun eine Geschichte vorlesen werden. In dieser Geschichte geht es um zwei Männer, die in ihrer Jugend beste Freunde waren.

Die Geschichte von Tom und David

Tom und David waren beste Freunde. Als Kinder waren sie unzertrennlich: Sie saßen nebeneinander auf der Schulbank, aber viel wichtiger war ihnen die übrige Zeit, in der sie möglichst jede Minute gemeinsam verbrachten: Beim Fußballspielen auf dem Marktplatz, beim Budenbauen im Wald oder beim Aushecken von Streichen. Auch wenn sie sich heute nicht recht erklären können, warum, verloren die beiden sich nach der Schulzeit aus den Augen.

Umso mehr freuen sie sich, dass sie sich heute nach zwanzig Jahren beim Klassentreffen endlich einmal wiedersehen. Sie erkennen sich sofort und fallen einander voller Freude in die Arme. Schnell suchen sie sich ein ruhiges Plätzchen, um voneinander zu erfahren, wie es dem jeweils anderen in der Zwischenzeit so ergangen ist.

Tom beginnt. Und da er David schon als Kind immer die Wahrheit gesagt hat, erzählt er ehrlich davon, dass sein Leben nicht so verlaufen ist, wie er

sich das erträumt hatte: Die Ehe mit seiner Frau hat nicht lange gehalten und leider hat er so auch den Kontakt zu seinen Kindern verloren. Das hat Tom sehr traurig gemacht, sodass er immer häufiger Trost im Alkohol zu finden hofft. Er sucht sein Glück und das große Geld bei Glücksspielen im Casino – leider vergeblich. Um seine Schulden bezahlen zu können, brach er in mehrere Häuser in einem teuren Stadtviertel ein – und wurde erwischt. Jetzt fürchtet Tom, dass er vielleicht sogar ins Gefängnis muss. David hört ihm fassungslos zu: *„Wie konnte es nur so weit kommen, Tom?"* Dieser überlegt kurz und erinnert David dann an die gemeinsame Kindheit: *„Meine Eltern führten eine furchtbare Ehe: Sie stritten häufig, vor allem, wenn mein Vater spätabends betrunken nach Hause kam und Geld verspielt hatte. Irgendwann war er einfach weg und ich hatte niemanden, der mir ein gutes Vorbild hätte sein können. Ich denke, ich hatte gar keine andere Wahl, als so zu werden, wie ich heute bin."*

David überlegt kurz und erzählt Tom dann von seinem Leben: von seiner Frau, mit der er seit Jahren eine harmonische Ehe führt, von den Zwillingen, die er sehr liebt und mit denen er möglichst viel Zeit verbringt, von seinem Beruf als Sozialarbeiter beim Jugendamt, in dem er Familien in Schwierigkeiten dabei unterstützt, ihrem Leben eine positive Wendung zu geben. Tom wirkt zunehmend nachdenklich. David lächelt ihn an und sagt mit einem Augenzwinkern: *„Auch meine Eltern führten eine furchtbare Ehe: Sie stritten häufig, vor allem, wenn mein Vater spätabends betrunken nach Hause kam und Geld verspielt hatte. Irgendwann war er einfach weg und ich hatte niemanden, der mir ein gutes Vorbild hätte sein können. Mir war klar, dass ich so wie er nie werden wollte."*

Durchführung Bei dem folgenden Gespräch über diese Geschichte sollte die Wahlmöglichkeit des Einzelnen deutlich werden, aus einer bestimmten Ausgangsposition eigenverantwortlich die gewünschten Konsequenzen zu ziehen. Es geht hierbei nicht darum, Menschen zu kritisieren, die erfolglos oder unglücklich sind. So kann beispielsweise die Frage, ob Tom nur Ausreden sucht, thematisiert werden, jedoch sollte deutlich werden, dass auch Tom mehr aus seinem Leben hätte machen können, wenn er Verantwortung für sich selbst übernommen und andere Entscheidungen getroffen hätte.

Vielleicht möchten Ihre Schüler*innen auch eigene Erfahrungen teilen?

Fassen Sie das Gespräch mit der Feststellung *„Ich kann manchmal die Bedingungen nicht ändern, aber ich kann immer entscheiden, wie ich mit ihnen umgehe"* zusammen.

Zur Vertiefung dieses Gedankens leiten Sie die folgende Übung an:

„Bildet Zweierteams. Wählt aus den folgenden Situationen eine aus oder überlegt euch ein eigenes Beispiel:

- Mario hat wenig Freunde und fühlt sich in seiner Klasse nicht angenommen.
- Dana ist verzweifelt: Auf dem Zeugnis hat sie eine Fünf in Mathe. Dabei war sie bisher eigentlich immer gut in dem Fach. Seit sie aber eine neue Lehrerin hat, ist alles anders. Dana findet, dass sie zu wenig erklärt und ihre Erklärungen sehr schlecht sind.
- Mehmet spielt gerne Fußball, aber sein Trainer stellt ihn nur selten auf, weil Mehmet aufgrund seiner Größe zu viele Zweikämpfe verliert.

Welche Entscheidungen können Mario, Dana und Mehmet treffen? Überlegt euch jeweils eine ungünstige und eine wünschenswerte Fortsetzung der Situationen."

Optionale Kurzreflexion

- In welchen Bereichen kannst du mehr Verantwortung für dein Leben übernehmen?
- Welche Ausreden lässt du bei dir nicht mehr gelten?

Ich höre auf mein Bauchgefühl

Material	Es sind keine Materialien notwendig.
Zielsetzung und Einsatzmöglichkeiten	✓ Schulung der eigenen Intuition ✓ Treffen bewusster Entscheidungen

Vorbereitung Überlegen Sie sich ggf. vorab eigene Beispiele, die genauer zu Ihnen bzw. der Situation passen.

Hinführung Stellen Sie sich vor die Klasse und reiben Sie sich den Bauch, während Sie einen nachdenklichen Eindruck machen. Fragen Sie: *„Kennt ihr die Redewendung, man solle auf sein Bauchgefühl hören? Was heißt das? In welchem Zusammenhang wird dies empfohlen/habt ihr das schon gemacht? Ist das nicht auch manchmal unglaublich schwierig?"* Kündigen Sie dann an, den Schüler*innen eine ganz leichte, aber sehr wirksame Technik beizubringen, mit denen sie zukünftig viel leichter „auf ihren Bauch" hören können.

Durchführung Sagen Sie, dass unser Körper immer auf das reagiert, was wir sagen oder denken – meistens nehmen wir das aber gar nicht wahr. Erläutern Sie weiter:

„Diese Körperreaktionen können wir aber gut nutzen, wenn wir zum Beispiel unsere Intuition für das Treffen einer kraftvollen Entscheidung aktivieren möchten.

Ich mache es euch einmal vor und danach könnt ihr es auch einmal ausprobieren. Ich treffe erst einmal eine Aussage, die völlig richtig ist: ‚Ich bin die Klassenlehrerin der 7b.' (oder: ‚Ich bin eine Frau. Mein Vorname ist Mareike.') Dabei spüre ich genau in meinen Bauch. Wie fühlt er sich an, wenn ich diese Wahrheit ausspreche?

Dann mache ich die Gegenprobe und spreche etwas aus, was überhaupt nicht stimmt: ‚Ich bin ein Mann. Ich bin ein Herzchirurg. Mein Vorname ist Jürgen.'
Wie fühlt es sich an, wenn ich diese Äußerung tätige?
Die Übung funktioniert übrigens auch gut, wenn ich diese Aussagen nicht laut ausspreche, sondern nur intensiv denke."

Ermutigen Sie die Schüler*innen, nun selbst einmal jede*r für sich auszuprobieren, was zutreffende und falsche Aussagen mit ihren Körpern machen, indem sie diese intensiv denken.

Lassen Sie die Schüler*innen ihre Erfahrungen danach beschreiben. Es ist zu erwarten, dass sie einen klaren Unterschied spüren: Eine wahre Aussage kann sich bei mir beispielsweise weit und leicht anfühlen, ein unwahrer Satz hingegen eng, zusammenziehend und schwer.

Gehen Sie nun einen Schritt weiter: *„Wenn wir wissen, wie unser Körper reagiert, wenn er mit einer Aussage völlig einverstanden ist oder wenn er widerspricht, können wir dies nutzen, um unser Unterbewusstsein zu fragen.*

***Ein Beispiel:** Meine Freundin möchte gerne mit mir ins Kino gehen, was bestimmt toll wäre, und wir haben uns auch schon lange nicht mehr getroffen. Allerdings hatte ich eine sehr anstrengende Woche und wollte eigentlich ein entspannendes Bad nehmen. Jetzt weiß ich nicht, was ich tun soll ...*
Also: Befrage ich meinen Bauch! Ich wärme ihn erst auf, indem ich eindeutig richtige/falsche Aussagen tätige:

*‚Ich bin eine Frau.' – **Ich spüre in meinen Bauch.***
*‚Ich bin ein Herzchirurg.' – **Ich spüre in meinen Bauch.***

Jetzt schlage ich ihm meine Alternativen vor:
‚Ich freue mich auf einen Kinobesuch mit meiner Freundin.'
‚Ich möchte lieber ein entspannendes Bad nehmen.'

***Das war eindeutig:** Ich hatte das weite Gefühl bei dem Bad, der Kinobesuch hat meinen Magen zusammengezogen.*
Wenn ich nicht ganz sicher bin, wiederhole ich die Sätze, bis das Gefühl eindeutig ist und ich meine Antwort habe."

Ermutigen Sie jetzt wieder die Schüler*innen:
„Vielleicht möchte jemand von euch die anderen an seiner Entscheidungsfindung teilhaben lassen? Du kannst zunächst den anderen deine offene Frage mitteilen und die beiden Alternativen schildern, bevor du die beiden ‚Aufwärmsätze' wiederholst und dich anschließend in die Alternativen hineinfühlst."

Lassen Sie die Schüler*innen die gemachten Erfahrungen den anderen mitteilen. Es ist insgesamt lohnend, die Schüler*innen hierbei auch zur Verbalisierung der Körperempfindungen zu ermutigen, denn gerade das Verlassen der Verstandesebene zugunsten der Körperwahrnehmung ist Ziel der Übung.

Alle Schüler*innen sollten einmal die Möglichkeit bekommen, weniger offensichtliche Sätze zu prüfen. Geben Sie ggf. noch etwas Raum, um sich eine offene Frage oder Situation zu überlegen. Vermitteln Sie Sicherheit, indem Sie sagen, dass es sich hierbei um keine tiefgreifende Entscheidung handeln muss. Es kann sich auch beispielsweise um die Entscheidung zur Pausengestaltung (*„Ich möchte Fußball spielen"* vs. *„Ich möchte mich in die Sonne setzen"*) oder zur Wahl eines belegten Brötchens in der Cafeteria (*„Ich möchte ein Brötchen mit Ei essen"* vs. *„Ich möchte ein Brötchen mit Käse essen"*) sein. Natürlich ist diese Übung auch mit schwerwiegenderen Fragestellungen möglich (*„Ich möchte gerne ein Auslandsschuljahr in Kanada absolvieren"*).

Optionale Kurzreflexion

- ⇨ Gab es Entscheidungen in deinem Leben, die sich falsch angefühlt haben? War das Gefühl ähnlich dem bei dieser Übung? Auf welcher Grundlage hast du diese Entscheidung damals getroffen?
- ⇨ Zu welchen Fragestellungen hat dir die Technik heute Antworten gegeben?
- ⇨ Wie wirkt diese Übung? Warum ist sie so mächtig?
- ⇨ Welchen Vorteil hat es, eine Entscheidung mit dieser Übung zu treffen?

Kannst du deinen Gedanken immer trauen?

Material
✓ Tafel und Kreide oder eine vergleichbare Visualisierungsmöglichkeit

Zielsetzung und Einsatzmöglichkeiten
✓ Bewusstmachung der häufig limitierenden Wirkung unserer Gedanken
✓ Hinterfragung und Umkehrung dieser Gedanken
✓ Verständnis der Begrenzung durch fehlendes Hinterfragen unserer eigenen Gedanken
✓ Erkenntnisgewinn und Selbstermächtigung durch die Umkehrung dieser Gedanken, etwa durch Wahrnehmung eigener Anteile

Vorbereitung
Setzen Sie sich vorbereitend mit den vier Fragen (siehe folgende Seite) auseinander. Vielleicht möchten Sie die Wirksamkeit dieser Technik zunächst an einem eigenen Beispiel ausprobieren.

Hinführung
Malen Sie eine Figur an die Tafel, zunächst ohne ein Gesicht. Schreiben Sie dann ein paar Gedanken um ihren Kopf herum, z. B.: *„Ich habe immer Pech"*, *„Niemand mag mich"*, *„Ich kann kein Mathe"*. Vielleicht möchten die Schüler*innen auch selbst Gedanken ergänzen, wenn sie die ersten Beispiele gelesen haben. Mit Blick auf die Zeit sollten Sie diesen Schritt aber auf etwa fünf konkrete Gedanken begrenzen.
Deuten Sie dann auf das noch fehlende Gesicht der Figur und fragen Sie: *„Wie geht es unserer Figur denn gerade?"* Fassen Sie die Antworten der Schüler*innen durch ein trauriges Gesicht zusammen. Bitten Sie um ein Handzeichen aller Kinder, die selbst schon einmal einen dieser Gedanken gedacht haben, und melden Sie sich auch selbst.

Durchführung Beginnen Sie nun damit, die Schüler*innen mit den vier Fragen vertraut zu machen, die auf Katie Byrons Methode „The Work“[14] zurückgehen:

1. Stimmt das wirklich?
2. Kann ich mit absoluter Sicherheit wissen, dass das wahr ist?
3. Wie reagiere ich oder was passiert, wenn ich diesen Gedanken glaube?
4. Wer oder was wäre ich ohne diesen Gedanken?

Fragen abgewandelt nach: Boerner, Moritz: Byron Katies The Work: Der einfache Weg zum befreiten Leben. Goldmann Verlag: München, 1999

Notieren Sie die Fragen sukzessive an der Tafel, um sie für die Schüler*innen einprägsamer zu machen.

Greifen Sie selbst einen der vorherigen Gedanken auf oder bitten Sie die Schüler*innen, einen auszuwählen, z. B. *„Ich habe immer Pech“*.

Fragen Sie, als sei die Frage an Sie selbst gerichtet: ***„Stimmt das wirklich?“*** Und beantworten Sie die die Frage selbst: „Aber ja, klar.“

Fragen Sie weiter: ***„Kann ich mit absoluter Sicherheit wissen, dass das wahr ist?“*** Tun Sie so, als würden Sie darüber nachdenken, und verneinen Sie dann, z. B. so: *„Hm ..., mit absoluter Sicherheit kann ich das dann doch nicht sagen. Denn ich bin an eine tolle Schule gekommen und darf in eurer Klasse unterrichten. Außerdem habe ich eine wunderbare Familie und wir sind alle gesund.“* (Natürlich können Sie bei der Aussage Anpassungen vornehmen.)

Die dritte Frage lautet: ***„Wie reagiere ich oder was passiert, wenn ich diesen Gedanken glaube?“***
Hierbei können Sie sehr gut auch die Schüler*innen einbinden. Denkbare Antworten sind: *„Ich traue mir bestimmte Dinge nicht zu“*, *„Ich fühle mich schlecht/klein“*, *„Ich übersehe die positiven Dinge in meinem Leben“* etc.

---

[14] Die von Katie Byron entwickelte die Methode „The Work“ versucht über die vier Fragen die Überzeugung einer Person zu hinterfragen und negative Überzeugungen zu entkräften.

Leiten Sie zur letzten Frage über: **„Wer oder was wäre ich ohne diesen Gedanken?"** Die Einbindung von Gefühlen ist hier ebenfalls erwünscht. Mögliche Antworten sind hier: *„Ich bin glücklicher und fühle mich leichter"*, *„Ich bin optimistischer, weil ich Gutes erwarte"*, *„Ich traue mir mehr zu und komme zu besseren Ergebnissen"* etc.

Verweisen Sie erneut auf den Ursprungsgedanken und sagen Sie: *„Lasst uns versuchen, den Gedanken ‚Ich habe immer Pech.'* umzukehren."
Lassen Sie die Schüler*innen zunächst ganz allein das Umkehren von Pauschalaussagen und Negativgedanken an verschiedenen Sätzen ausprobieren. Erlaubt sind alle Varianten, die das Gesagte umkehren, z. B. durch veränderte Pronomina. (*„**Sie** sollte mehr Zeit mit **mir** verbringen."* ➡ *„**Ich** sollte mehr Zeit mit **mir** verbringen."* Oder: *„**Ich** sollte mehr Zeit mit **ihr** verbringen."*) Oder durch die Umkehrung ins Gegenteil. (*„Ich sollte **mehr** Taschengeld bekommen."* ➡ *„Ich sollte **nicht mehr** Taschengeld bekommen."* Oder sogar: *„Ich sollte **weniger** Taschengeld bekommen."*)
Die Schüler*innen sollten hier Gelegenheit bekommen, wirklich einmal alle möglichen Umkehrungen auszusprechen, um sich in dieses Prinzip hineinzudenken und gleichzeitig zu vertiefen, dass wir Gedanken ruhig verändern dürfen, wenn sie uns nicht dienlich sind.

Kommen Sie dann auf die Aussage *„Ich habe immer Pech"* zurück: *„Was können wir stattdessen denken?"* Den Gedanken *„Ich habe immer Pech"* können Sie z. B. zu *„Ich habe immer Glück"* umkehren (und unerwartete Erkenntnisse oder Erlebnisse bewusst machen). Eine alternative Umkehrung, die beispielsweise die eigenen Anteile in den Vordergrund rücken lässt, ist: *„Ich habe nie Pech."* Usw.
Als mögliche Vertiefung können die Schüler*innen auch die anderen Gedanken der Figur an der Tafel mithilfe der vier Fragen überprüfen und umkehren. Sie wählen hierzu einen Gedanken aus, den sie selbst schon einmal gedacht haben.

Variante Diese Übung lässt sich auf Vorwürfe ausweiten, die anderen Personen gemacht werden. Diese Erweiterung fällt älteren Schüler*innen aufgrund der ausgeprägteren Abstraktionsfähigkeit sicher leichter als jungen. Ein solcher Vorwurf könnte lauten: *„Sie sollte mehr Zeit mit mir verbringen."* Nach den vier Fragen könnte der Vorwurf wie folgt umgekehrt werden: *„Ich sollte mehr Zeit mit mir verbringen"*, *„Ich sollte mehr Zeit mit ihr verbringen"*, *„Sie sollte weniger Zeit mit mir verbringen"*, *„Sie sollte weniger Zeit mit mir verbringen"*.

Vermitteln Sie den Schüler*innen, dass es keine richtige Antwort gibt. Ermutigen Sie sie dazu, in sich hineinzuspüren, ob eine Umkehrung in ihnen reagiert. Vielleicht bewirkt die Umkehrung *„Ich sollte mehr Zeit mit ihr verbringen"* die Erkenntnis, dass man selbst wenig Zeit für die Freundin hat und erwartet, die Freundin müsse für uns verfügbar sein. Oder die Umkehrung *„Sie sollte weniger Zeit mit mir verbringen"* führt zu der Einsicht, dass man sich in letzter Zeit unzuverlässig verhalten hat und selbst keine gute Freundin war, oder dass getrennte Aktivitäten die gemeinsame Zeit wieder aufwerten.

Ziel dieser Übung ist eine Neubewertung der Ausgangssituation, idealweise mit konkreten Handlungsimpulsen oder Einsichten über den eigenen Anteil an der Situation. Verdeutlichen Sie den Schüler*innen den Unterschied zwischen „eigenem Anteil" und „Schuld". Es geht nicht darum, gezeigtes Verhalten in jedem Fall gutzuheißen, sondern zu prüfen, ob eine Neubewertung nicht hilfreicher für uns sein kann.

Optionale Kurzreflexion

- ⇨ Wie gefällt dir diese Übung? Warum? (Hier können auch Widerstände thematisiert werden.)
- ⇨ Gibt es einen Gedanken/eine Situation in deinem Leben, die du mithilfe der vier Fragen und der Umkehrung überprüfen möchtest?
- ⇨ Was hat diese Übung in unserem Beispiel konkret bewirkt? Was bedeutet es für dich, wenn du einen neuen Gedanken denkst?
- ⇨ Wobei kann dir die Übung in Zukunft helfen?

Steine auf meinem Weg

Material
- ✓ Tafel und Kreide oder eine vergleichbare Visualisierungsmöglichkeit
- ✓ Ein Stein für jede*n Schüler*in

Zielsetzung und Einsatzmöglichkeiten
- ✓ Bewusstmachung des eigenen Interpretationsspielraums bei der Bewertung von Situationen und Hindernissen
- ✓ Bewusstmachung des eigenen Handlungsspielraums und der Überwindbarkeit von Hindernissen (ggf. unter Rückbezug auf vorhandene Ressourcen)

Vorbereitung
- ⇨ Lassen Sie die Schüler*innen für diese Übung je einen Stein mitbringen oder stellen Sie selbst eine Auswahl bereit.
- ⇨ Falls Ihre Tafelbilder selten Zeichnungen enthalten, können Sie die Zeichnungen zunächst einmal „proben". Es geht jedoch nicht um Perfektion. Überlegen Sie, ob sich unter Ihren Schüler*innen nicht ein Zeichentalent befindet, das diese Stärke einbringen kann.
- ⇨ Lesen Sie sich den Text der Übung zunächst selbst durch und finden Sie ein angemessenes Tempo und eine angenehme Sprechweise.

Hinführung

Zeichnen Sie auf eine Tafelseite eine Figur auf einem Weg, den mehrere Steine blockieren. Die Schüler*innen werden diese in ihrer Interpretation gewiss als Hindernisse deuten und vielleicht Bezug auf die beiden Freunde aus der Übung *„Ich denke, ich hatte gar keine andere Wahl"* (S. 72 f.) nehmen, wenn Sie diese zuvor behandelt haben. Lassen Sie die Figur dann in einer Sprechblase sagen: *„Das Leben hat mir viele Steine in den Weg gelegt"*, und malen Sie ihr einen traurigen Mund.

Zeichnen Sie nun auf die andere Tafelseite denselben Weg, auf dem die Steine nun aber als schöner „Aussichtsturm" aufeinandergelegt sind, auf dem die Figur nun mit einem lachenden Mund steht. Lassen Sie Ihre Schüler*innen wieder ihre Gedanken zu dem zweiten Bild formulieren. Schreiben Sie dieses Mal in die Sprechblase: *„Auch aus Steinen, die einem in den Weg gelegt werden, kann man etwas Schönes bauen."* [15]

Sprechen Sie mit Ihren Schüler*innen über diesen Satz und seine Aussage: Was für eine Empfehlung steckt in diesem Bild? Sprechen Sie darüber, welche Hindernisse/Steine den Schüler*innen schon im Weg lagen und wie sie mit ihnen umgegangen sind, was sie aus ihnen gebaut haben bzw. wie sie erfolgreich mit dem Hindernis umgegangen sind. Geben Sie ihnen einen Moment der Stille, in dem jede*r sich eine Situation vergegenwärtigen kann, in der er*sie positiv mit dem Hindernis umgegangen ist.

Durchführung

Lassen Sie die Schüler*innen einen Stein auswählen, den sie mit Blick auf ihre jeweilige Erfahrung passend finden, oder ihren mitgebrachten Stein hervorholen. Bitten Sie die Schüler*innen, diesen Stein in die Hand zu nehmen, und leiten Sie sie dabei an, sich die gewählte Situation vorzustellen: *„Setze dich bequem hin und schließe für einen Moment die Augen. Gehe in Gedanken noch einmal an den Ort, an dem du aus Steinen auf deinem Weg etwas Schönes erbaut hast. Wie sieht es an diesem Ort genau aus? Was hörst du, riechst du, schmeckst du? Bist du allein oder sind Menschen bei dir? Du hast das Hindernis überwunden. Wie genau fühlst du dich in diesem Moment? Ist es eher ein kribbeliges Gefühl? Oder vielleicht ein Gefühl von Leichtigkeit? Von Energie? Wärme? Licht? Oder noch etwas ganz anderes? Wo kannst du dieses Gefühl in deinem Körper wahrnehmen?*

[15] Das Zitat wird wahlweise Johann Wolfgang von Goethe oder Erich Kästner in den Mund gelegt, stammt jedoch von keinem der beiden. Aber auch ohne prominente Urheber hat es eine sehr starke Aussage- und Motivationskraft.

Wenn es sich für dich gut anfühlt, versuch dieses Gefühl wie bei einem Lautstärkeregler noch viel stärker in dir werden zu lassen, sodass es deinen ganzen Körper ausfüllt … Mit jeder Ausatmung wächst dieses Gefühl und füllt dich immer weiter aus … Spür nun bewusst den Stein in deiner Hand und lade auch ihn mit dieser Energie auf. Nimm für weitere zwei tiefe Atemzüge wahr, wie diese Energie den Stein und dich verbindet.
Bereite dich dann langsam darauf vor, die Übung allmählich wieder zu beenden. Die positive Energie verbleibt dabei in dem Stein, sodass er dich in herausfordernden Situationen an deine eigene Stärke erinnern kann. Spüre wieder den Boden unter deinen Füßen, bewege deine Hände und Füße, rekele dich und wenn du so weit bist, kannst du die Augen wieder öffnen und ins Hier und Jetzt zurückkehren."

Optionale Kurzreflexion

- ⇨ Welche Situation hast du gewählt?
- ⇨ Wie/wo hast du das Gefühl wahrgenommen? Konntest du es „laut stellen"?
- ⇨ Wo möchtest du deinen Stein zukünftig aufbewahren?
- ⇨ Woran erinnert er dich? Kannst du dir jetzt schon Situationen vorstellen, in denen er dich unterstützen kann?

NETZWERK-ORIENTIERUNG

Hinweise zum Thema

Der Mensch ist ein soziales Wesen und die Bindung zu anderen Menschen ist nicht nur ein Grundbedürfnis, sondern auch eine **zentrale Ressource** zur Ausbildung von Resilienz. Gerade Lehrer*innen fühlen sich manchmal wie **Einzelkämpfer*innen** und meinen, sie müssten alles allein schaffen. Aber das ist anstrengend und unnötig! Resilienz bedeutet in diesem Zusammenhang, sich **seiner eigenen Grenzen bewusst zu sein und Unterstützungssysteme gezielt zu nutzen**. Dies gilt zum einem **im beruflichen Alltag**: Sprechen Sie lösungsorientiert mit anderen Lehrkräften über deren Bewältigungsstrategien. Holen Sie sich beispielsweise Tipps zum Umgang mit dem verhaltensauffälligen Kind vom schulpsychologischen Dienst. Dies lässt Sie in keinem schwachen Licht dastehen, sondern zeigt Sie als motiviert und aufgeschlossen. Seien Sie offen für paralleles Arbeiten, beispielsweise bei der Konzeption von Unterrichtsvorhaben oder Klassenarbeiten. Sie sparen dadurch nicht nur Zeit bei der Erledigung der konkreten Aufgabe, sondern erhalten auch wertvolle Impulse über alternative Vorgehensweisen, hilfreiche Materialien, erprobte Praxistipps, Empfehlungen zur Vermeidung von Fallstricken und vieles mehr.

Auch **im privaten Bereich** brauchen wir ein **funktionierendes soziales Netz**, innerhalb dessen wir **Spaß haben, Kraft tanken oder tröstende Worte erfahren** können. Die Bedeutung dieses Netzes wird häufig unterschätzt und stete Arbeitsbelastung kann dazu verführen, Freundschaften zugunsten der heimischen Couch zu vernachlässigen.

Auch Ihre Schüler*innen erleben **funktionierende soziale Beziehungen als ein Grundbedürfnis**. Gerade im Zuge der Pubertät gewinnen Gleichaltrige und Interaktionspartner*innen außerhalb der eigenen Familie an Bedeutung und der Wunsch nach **Bindung und Zugehörigkeit** ist groß.
Ohne hier eine Diskussion über soziale Medien eröffnen zu wollen, bergen sie neben Vorteilen leider auch große Gefahren, denn was lernt ein junger Mensch über Freundschaft, wenn Freunde mit zum Teil anonymen „Followern" gleichgesetzt und eine Freundschaft durch einen einfachen Mausklick beendet werden kann? Freundschaften, die uns über Jahre hinweg in guten wie in schlechten Zeiten begleiten, wachsen nicht durch „Liken".

Hinterfragen Sie sich selbst: Wie leicht fällt es mir, um Hilfe zu bitten bzw. Hilfe anzunehmen? Wie fühle ich mich dabei? Welche (bisher unbewussten) inneren Glaubenssätze (z. B. *„Ich darf niemandem zur Last fallen"* oder: *„Ich muss immer stark sein"*) leiten Sie?

Räumen Sie den sozialen Beziehungen einen hohen Stellenwert ein. Prüfen Sie ehrlich für sich, ob Sie Freundschaften in hinreichendem Maße pflegen.

Schauen Sie jedem Kind bei der Begrüßung in die Augen, achten Sie auf ein wertschätzendes Miteinander und kreieren Sie Rituale und Aufgaben, die zusammenschweißen. Fördern Sie die Interaktion untereinander, beispielsweise in dem Sie dazu auffordern, zu fünf Mitschüler*innen zu gehen, ihnen ein „High five" zu geben und zu sagen: *„Schön, dass du da bist!"* oder: *„Du schaffst das!"*. Erfahrungsgemäß macht dies den Lernenden viel Freude, hebt die Stimmung sowie das Energielevel und stärkt das Gemeinschaftsgefühl. Ermutigen Sie am Ende einer Partner- oder Gruppenarbeitsphase dazu, bei den anderen einzuschlagen und sich für die gute Zusammenarbeit oder die Unterstützung zu bedanken. Ihre Schüler*innen erlernen und erfahren so Wertschätzung und Verbindung.

Mein soziales Netz

Material

- ✓ Tafel und Kreide oder eine vergleichbare Visualisierungsmöglichkeit
- ✓ Ein weißes Blatt Papier (DIN A4) und Stifte in vier unterschiedlichen Farben für jede*n Schüler*in

Zielsetzung und Einsatzmöglichkeiten

- ✓ Visualisierung des eigenen Netzwerkes zur Bewusstmachung des Aufgehobenseins in einer Gemeinschaft
- ✓ Unterscheidung zwischen Freundschaft und Bekanntschaft

Vorbereitung Es ist keine Vorbereitung notwendig.

Hinführung Schreiben Sie das Wort „Freundschaft" an die Tafel und fragen Sie: *„Was bedeutet Freundschaft für euch?"* Wenn Sie möchten, können Sie eine gemeinsame Definition festhalten, zum Beispiel: eine freiwillige, auf Gegenseitigkeit beruhende Beziehung zwischen mindestens zwei Menschen, die sich durch Vertrauen und Verlässlichkeit auszeichnet.

Durchführung Wechseln Sie nun die Perspektive zu einer individuelleren Sicht und fragen Sie: *„Wie sieht dein eigenes soziales Netz aus?"* Diese Frage wird jedoch nicht im Plenum beantwortet, sondern im Rahmen der folgenden Übung, die Sie wie folgt anleiten können:

*„Schreibe deinen Namen in die Mitte eines Din A4-Blattes. Schreibe die Namen deiner Freund*innen in einer anderen Farbe um deinen Namen herum. Je näher du dich ihnen fühlst, desto näher schreibst du sie an deinen Namen.*

Schreibe genauso mit einer dritten Farbe die Namen von Verwandten auf.

Wenn du möchtest, kannst du in einer weiteren Farbe die Namen weiterer Personen aufschreiben, die dir helfen oder nahestehen. Vielleicht eine Nachbarin, die früher oft auf dich aufgepasst hat? Dein Ergotherapeut, der immer so gut zuhört? Eine Lehrkraft, der du von deinen Sorgen erzählen kannst? Und so weiter."

Je nach Zeit ist es möglich, die Übung durch die Unterscheidung zwischen Freund*innen und Bekannten zu vertiefen. Vielen Schüler*innen ist diese heute nicht mehr klar und einige empfinden den Begriff des „Bekannten" als enger als den eines „Freundes".

Optionale Kurzreflexion

- ⇨ Welche Gedanken/Gefühle hattest du bei der Anfertigung des Netzwerkes?
- ⇨ Welchen Nutzen hat es, sich ein solches Netzwerk bewusst zu machen?
- ⇨ Wie fühlt es sich für dich an, dass manche Menschen nah bei dir stehen und andere weiter weg?
- ⇨ Gibt es jemandem in deinem Netz, dem du dich gerne (wieder?) etwas näher fühlen würdest? Was kannst du konkret dafür tun?

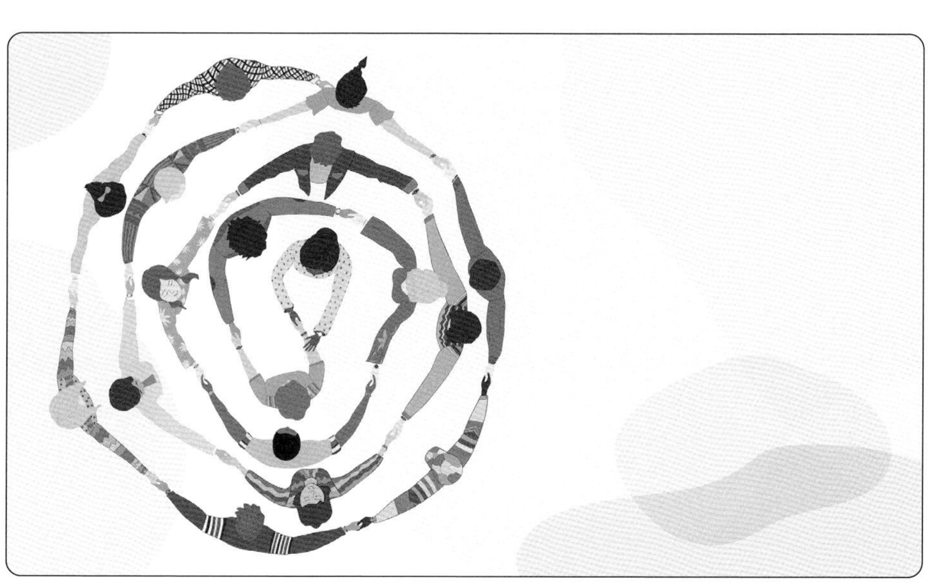

Ein Freund für alle Lebenslagen!?

Material
- ✓ Tafel und Kreide oder eine vergleichbare Visualisierungsmöglichkeit
- ✓ Ein weißes Blatt Papier (DIN A4) und ein Stift für jede*n Schüler*in

Zielsetzung und Einsatzmöglichkeiten
- ✓ Akzeptanz der Individualität der sozialen Kontakte mit ihren jeweiligen Stärken und Schwächen
- ✓ Erkennen der Stärken der Freund*innen als eigene Ressource
- ✓ Bewusstmachung der eigenen Erwartungen an Freundschaft
- ✓ Hinterfragen der eigenen Stärken als Freund*in

Vorbereitung

Es ist keine Vorbereitung notwendig.

Hinführung

Sagen Sie, dass Sie über eine Formulierung nachdenken und gerne die Einschätzung Ihrer Schüler*innen dazu hören würden: *„Was meint man eigentlich mit der Formulierung: ‚Wofür hat man denn Freunde?'"*
Fragen Sie die Schüler*innen, ob Sie diese rhetorische Frage schon einmal selbst gestellt oder gehört haben, und lassen Sie sie ggf. einige Situationen schildern.
Wenn diese Wendung den Schüler*innen nicht bekannt ist oder zu wenig Inspiration bietet, fragen Sie konkreter nach: *„Was ist denn die Aufgabe von Freund*innen?"*

Durchführung

Würdigen Sie die Vielzahl der gesammelten Aspekte und verweisen Sie darauf, dass es für einen Freund oder eine Freundin ja fast unmöglich ist, all diese Aufgaben auf einmal zu erfüllen – und dass das auch völlig in Ordnung so ist.

Jede*r hat seine persönlichen Stärken und Schwächen. Da wir meist mehr als nur eine Freundschaft pflegen, können wir z. B.

mit der einen Person Sport treiben, die andere anrufen, wenn wir unser Herz ausschütten möchten, und die dritte ist vielleicht perfekt für die Ablenkung von unserem Liebeskummer.

Bitten Sie die Schüler*innen, die Überschrift *„Wofür hat man denn Freunde?"* (oder eine vergleichbare Überschrift) auf ein leeres Blatt zu schreiben.

Im ersten Schritt notiert jede*r für sich die eigenen Erwartungen an eine Freundschaft. Was muss auf jeden Fall erfüllt sein? Welches Verhalten ist absolut notwendig? Was ist ein absolutes „No-Go"?

Im zweiten Schritt notieren die Schüler*innen für sich, welche ihrer Freund*innen hierfür besonders geeignet sind. Sie können auch feststellen, dass sie für bestimmte Lebensbereiche noch keine Unterstützung haben. Fangen Sie dies ggf. einfühlsam in der abschließenden Reflexion auf.

Zuletzt überlegen sich die Schüler*innen, wo sie ihre persönlichen Stärken sehen: *„Welche Freundschaftsstärken bringe ich mit?"* Wenn sie hier zu unsicher sind, können sie ihre Freund*innen auch später dazu befragen und danach Ergänzungen vornehmen.

Optionale Kurzreflexion

- ⇨ Wie empfindest du den Gedanken, dass ein*e Freund*in nicht alles „abdecken" muss?
- ⇨ Was kannst du tun, wenn du für dich feststellst, dass dir für bestimmte „Freundschaftsfunktionen" noch Menschen fehlen? Welche Möglichkeiten gibt es, neue Freundschaften zu initiieren?
- ⇨ Was kann es bringen, sich mit den eigenen Freund*innen über dieses Thema zu unterhalten?
- ⇨ Was kannst du tun, wenn ein*e Freund*in ein Verhalten zeigt, das für dich ein *„No-Go"* ist, bzw. dir wichtige Eigenschaften vermissen lässt?
- ⇨ Welche Fähigkeiten möchtest du gerne ausbauen, um deine Freundschaftsqualitäten zu verbessern?

Achtsames Zuhören

Material ✓ Tafel und Kreide oder eine vergleichbare Visualisierungsmöglichkeit

Zielsetzung und Einsatzmöglichkeiten
- ✓ Bewusstmachung der Herausforderung des Zuhörens
- ✓ Einüben des Zuhörens als Form der Achtsamkeitsschulung
- ✓ Unterdrückung des Impulses der Unterbrechung bzw. Planung der nächsten Aussage

Vorbereitung Es ist keine Vorbereitung notwendig.

Hinführung Schreiben Sie das folgende Zitat an die Tafel:

„Reden ist Silber, Zuhören ist Gold." [16]

Vermutlich werden die Schüler*innen Sie mit Blick auf das bekannte Sprichwort *„Reden ist Silber, Schweigen ist Gold"* verbessern. Nutzen Sie dies zu einem Gespräch darüber, was denn wertvoller sei: Schweigen oder Zuhören. Fragen Sie anschließend, was denn schwieriger sei, um so zu den Herausforderungen des Zuhörens überzuleiten. Beispielsweise denken wir oft, wir wüssten, was der andere sagen möchte, sind in Gedanken woanders (z. B. bei den restlichen Aufgaben des Tages) oder überlegen, was wir als Nächstes erzählen können, wenn wir „endlich wieder dran" sind.

Durchführung Lassen Sie die Schüler*innen Zweierteams bilden, die sich jeweils gegenübersitzen.

Erläutern Sie den folgenden Ablauf:
Partner*in A spricht für zwei Minuten über ein Thema.
Partner*in B hört „nur" zu.
B fasst zusammen, was er*sie verstanden hat.
A gibt eine Rückmeldung, wie verstanden er*sie sich fühlt.
Dann wird gewechselt.

---

[16] Quelle: Ludin, Walter: Einfach ins Blaue: Aphorismen, Brunner Druck + Medien: Pforzheim, 1998

Geben Sie die Themen vor, zu denen jeweils gesprochen wird, z. B.:
„Was ich am Wochenende erlebt habe …", „Was ich an der Schule verändern würde, wenn alles möglich wäre …", „Was ich mache, wenn ich mir etwas Gutes tun möchte …".

Optionale Kurzreflexion

- ⇨ Wie fühlt es sich an, zwei Minuten lang ohne Unterbrechung zu sprechen?
- ⇨ Wie fühlt es sich an, „nur" zuzuhören?
- ⇨ Wie achtsam hörst du normalerweise zu? Was erschwert dir das Zuhören?
- ⇨ Was nimmst du für dich aus der Übung mit?

Illustration: © grmarc – Shutterstock.com

Ich kann vertrauen

Material Es sind keine Materialien notwendig.

Zielsetzung und Einsatzmöglichkeiten

- ✓ Reflexion des eigenen Vertrauens in andere
- ✓ Evaluation des Vertrauensverhältnisses in der Klasse
- ✓ Gefühl des Aufgefangenwerdens durch eine Gruppe

Vorbereitung Diese Übung kann besonders gut draußen, z. B. auf einer Wiese durchgeführt werden. Verlassen Sie ggf. das Schulgebäude.

Hinführung Besprechen Sie mit der Klasse, dass sie nun gemeinsam Vertrauensübungen durchführen werden, und einigen sie sich auf entsprechende Verhaltensregeln, z. B. *„Wir schenken der anderen Person zu 100 Prozent unsere Aufmerksamkeit"*.

Durchführung Lassen Sie die Kinder zunächst in Zweierteams zusammenfinden. Wählen Sie eine Variante der Teamfindung: Wahlgruppen erleichtern das Vertrauen, Zufallsgruppen fordern stärker heraus, können so aber auch die Wirkung vergrößern.

Eine Person ist zunächst Fotograf*in, die andere der Fotoapparat. Die Fotoapparate schließen die Augen und lassen sich mit geschlossenen Augen vorsichtig und nonverbal (an der Hand oder durch Berühren der Schultern) zu etwas Schönem in der Umgebung führen. Die Fotograf*innen sind dabei ganz behutsam. Stehen sie schließlich mit ihrem Fotoapparat direkt vor dem schönen Objekt, bewegen sie dessen Gesicht so, dass beim Öffnen der Augen der Blick genau auf das gewählte Motiv fällt. Erhält der Fotoapparat das Signal *„Klick!"* bei gleichzeitigem, vorsichtigem Drücken auf die Schulter, kann er seine Augen öffnen und das Motiv ansehen. Anschließend wird gewechselt.

In einem zweiten Schritt finden sich jeweils drei Zweierteams zusammen und alle bilden einen engen Kreis. Ein*e Freiwillige*r tritt in die Mitte des Kreises und schließt die Augen.

Die Körperhaltung ist gerade, fest und alle Muskeln werden angespannt. Wenn er*sie sich jetzt nach außen „fallen" lässt, unterbinden die anderen im Kreis das Fallen behutsam mit ihren Armen und stellen ihn*sie wieder auf. Nach kurzer Zeit wird gewechselt, sodass alle einmal die Erfahrung machen können.

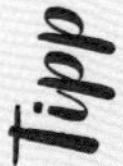

Ermutigen Sie die Schüler*innen dazu, selbst einmal in der Mitte des Kreises zu stehen und die Erfahrung des Auffangens durch die Gruppe zu erleben. Ermuntern Sie, aber zwingen Sie niemanden dazu.

Optionale Kurzreflexion, auch in den Zweierteams möglich

- ⇨ Wie leicht/schwer war es für dich, anderen blind zu vertrauen?
- ⇨ War es leichter, nur einer Person oder einer ganzen Gruppe zu vertrauen?
- ⇨ Wie hat es sich angefühlt, von den anderen aufgefangen zu werden?
- ⇨ Wie war es für dich, für eine andere Person verantwortlich zu sein?
- ⇨ Was benötigst du, damit du gut vertrauen kannst?

Liebevolle-Güte-Meditation

Material
- ✓ Evtl. Entspannungsmusik und ein Abspielgerät

Zielsetzung und Einsatzmöglichkeiten
- ✓ Entwicklung von bedingungslosem Wohlwollen sowie Empathie und tiefem Mitgefühl für sich selbst und alle anderen Lebewesen
- ✓ Stärkung der Bereitschaft, sich selbst und anderen zu verzeihen
- ✓ Entwicklung von Vertrauen und Gelassenheit in herausfordernden Situationen und Phasen

Vorbereitung
- ⇨ Lesen Sie sich den Text der Übung zunächst selbst durch und finden Sie ein angemessenes Tempo und eine beruhigende Sprechweise.
- ⇨ Starten Sie die Entspannungsmusik, falls erwünscht.

Hinführung

Wenn Sie möchten, können Sie den Schüler*innen mitteilen, dass Sie eine Meditation mit ihnen machen möchten, die auf Buddha zurückgeführt wird. Sie nennt sich „Metta-Meditation", wird aber auch häufig als „Liebevolle-Güte-Meditation" oder „Herzmeditation" bezeichnet. Eine Legende besagt, dass Buddha diese Meditation Mönche gelehrt hat, um ihnen den Umgang mit verstörenden und Furcht einflößenden Erfahrungen zu erleichtern. Hierbei spricht man innerlich zunächst für sich selbst, dann auch für andere, jeweils vier Wünsche für Glück, Schutz, Gesundheit und Unbeschwertheit. Die stetige Wiederholung der guten Wünsche für alle Lebewesen beruhigte die Mönche und nahm ihnen ihre Ängste. Zusätzlich strahlten sie aber auch Lebensfreude und Herzenswärme aus, die in der Begegnung mit anderen zu ihnen zurückkehrte.

Bereiten Sie die Schüler*innen auf die Meditation vor, indem Sie sie bitten, eine bequeme Haltung auf ihrem Stuhl einzunehmen. Beide Füße sollten fest auf dem Boden stehen, die Hände entspannt auf den Knien oder Oberschenkeln ruhen.

Durchführung

Leiten Sie die Meditation folgendermaßen an:
„Überprüfe für dich, ob du eine gute Sitzhaltung gefunden hast, in der du für die nächsten Minuten sitzen möchtest, oder ob du noch eine Änderung vornehmen möchtest. Schließe dann deine Augen, um den Blick nach innen zu wenden. Nimm einen bewussten Atemzug, indem du durch die Nase einatmest und bei deiner Ausatmung durch den Mund alle Anspannung loslässt. Noch einmal durch die Nase ein- und durch den Mund wieder ausatmen…
Bemühe dich um eine Aufrichtung der Wirbelsäule, ohne dabei zu starr zu sitzen. Ziehe deine Schultern zu den Ohren und lasse sie dann nach hinten und unten kreisen, um eine Öffnung im Herzraum zu erreichen. Vielleicht kannst du deinen Herzschlag spüren? Wenn nicht, dann ist das auch in Ordnung…

Beginne nun damit, die vier guten Wünsche für dich zu sprechen, indem du innerlich meine Worte wiederholst. Spüre den Worten jeweils nach. – Welches Gefühl erzeugen sie in deinem Körper? Der erste Wunsch lautet: *‚Möge ich glücklich sein‘* … Der zweite: *‚Möge ich mich immer sicher und geborgen fühlen‘* … Der dritte Wunsch ist: *‚Möge ich gesund sein‘* … Und der letzte Wunsch: *‚Möge ich mit Leichtigkeit durchs Leben gehen‘* … Spüre diesen Wünschen noch für einen Moment nach…

Bereite dich dann darauf vor, diese Wünsche für eine andere Person zu sprechen, die dir besonders am Herzen liegt. Deine Intuition wird dir bestimmt eine Person vorschlagen. Du siehst sie jetzt vor deinem geistigen Auge und ihr lächelt euch an. Bleib gedanklich bei dem Gesicht dieser Person, wenn du die gleichen Wünsche jetzt noch einmal für diese Person sprichst: *‚Mögest du glücklich sein‘* … *‚Mögest du dich immer sicher und geborgen fühlen‘* … *‚Mögest du gesund sein‘* … *‚Mögest du mit Leichtigkeit durchs Leben gehen‘* … Was machen deine Wünsche mit der Person? Hat sich ihr Gesicht verändert? Wie fühlt es sich für dich an, die Wünsche für die Person zu sprechen? Bereite dich darauf vor, dich von dieser Person wieder zu verabschieden. Vielleicht lächelt ihr euch an oder umarmt euch…

Wende dann deine Aufmerksamkeit einer weiteren Person zu, zu der du weder ein gutes noch ein schlechtes Verhältnis hast. Vielleicht ist es die Verkäuferin in deiner Bäckerei oder dein Hausarzt. Du siehst diese Person vor dir, während du nun auch für sie die vier Wünsche sprichst: *‚Mögest du glücklich sein'* ... *‚Mögest du dich immer sicher und geborgen fühlen'* ... *‚Mögest du gesund sein'* ... *‚Mögest du mit Leichtigkeit durchs Leben gehen'* ... Ihr lächelt euch an oder nickt euch zu, um euch zu verabschieden.

Nun sprichst du die Worte für eine Person, mit der es momentan schwierig ist. Vielleicht steht ein Konflikt zwischen euch oder es ist irgendwie kompliziert aktuell. Sieh auch diese Person vor deinem geistigen Auge erscheinen und sprich die vier Wünsche auch für sie: *‚Mögest du glücklich sein'* ... *‚Mögest du dich immer sicher und geborgen fühlen'* ... *‚Mögest du gesund sein'* ... *‚Mögest du mit Leichtigkeit durchs Leben gehen'* ... Verabschiede dich auch von dieser Person.

Abschließend sprichst du die Worte für alle Lebewesen auf dieser Welt: *‚Möget ihr glücklich sein'* ... *‚Möget ihr euch immer sicher und geborgen fühlen'* ... *‚Möget ihr gesund sein'* ... *‚Möget ihr mit Leichtigkeit durchs Leben gehen'* ...

Spüre noch einmal ganz bewusst in dein Herz hinein. Wie geht es dir gerade? ... Dann nimm noch drei bewusste und tiefe Atemzüge, bevor du deinen Körper wieder durch Rekeln und Bewegen aktivierst ... Wenn du so weit bist, öffne deine Augen und kehre zurück ins Hier und Jetzt."

Optionale Kurzreflexion

- ⇨ Wie war die Meditation für dich?
- ⇨ Wie hat es sich angefühlt, die Wünsche für dich selbst zu sprechen?
- ⇨ Wie hat es sich angefühlt, sie für die anderen Personen auszusprechen?
- ⇨ Welche Gedanken haben dich dabei begleitet?
- ⇨ Welche Unterschiede hast du in deinen Gefühlen vor und nach der Übung wahrgenommen?
- ⇨ Worin siehst du den Sinn dieser Übung?

LÖSUNGS- und ZUKUNFTSORIENTIERUNG

Hinweise zum Thema

„Es wurde bereits alles gesagt. Aber leider noch nicht von jedem!", kommentierte eine Kollegin einst eine Lehrerkonferenz treffend. Und seien wir doch ehrlich: Wir alle haben schon Konferenzen, Arbeitskreise oder Besprechungen miterlebt, bei denen es schwierig war, das Vorurteil, Lehrer*innen diskutierten viel lieber, als **ins Handeln zu kommen**, ernsthaft zu entkräften.

Natürlich ist das Auffinden einer tragfähigen und mehrheitsfähigen Lösung nicht immer leicht, jedoch gibt es Strategien, die dies erleichtern.
Aber: Wie gut gelingt Ihnen selbst der **Blick auf die Problemlösung**?

Leider können wir häufig viel genauer sagen, was wir nicht wollen, anstatt zu benennen, was wir eigentlich wollen. Und genau hier kann der erste Schritt liegen. Ich empfehle Ihnen, zu Beginn einmal groß zu träumen und **den Realitätssinn** für einen Moment **stumm zu schalten**. Achten Sie auf eine **positive Formulierung**, denn unser Gehirn kann nicht „nicht" denken. Das berühmte Beispiel kennen Sie sicher: „Denken Sie jetzt nicht an einen rosa Elefanten!" Gewiss haben Sie das Tier doch vor sich gesehen...

Unser Gehirn denkt in Bildern, deshalb ist es wahnsinnig kraftvoll, sich die **eigene Vision** vor dem geistigen Auge **farbenfroh auszumalen** und schon jetzt zu fühlen, wie es sich anfühlen wird, wenn diese Vorstellung Realität geworden ist. Unser Gehirn liebt außerdem Fragen und wenn wir uns fragen: *„Wie kann ich mein Ziel erreichen?"*, wird es Wege finden, um in die Umsetzung zu kommen. Fragen wir außerdem: *„**Welche Ressourcen** benötige ich für die Realisierung?"* Und: Nehmen wir den Druck heraus! Es geht nicht darum, die perfekte Lösung zu finden, die das Problem dauerhaft lösen wird, sondern es geht um die **Veränderung in die gewünschte Richtung**. Wir haben häufig das Gefühl, alles müsse sich ganz schnell ändern, aber es ist viel Erfolg versprechender, wenn Sie jeden Tag einen kleinen Schritt gehen. Es darf leicht sein und Spaß machen, denn zum einen ist das Durchhalten so viel einfacher und zum anderen kann die Wirkung in der Summe enorm sein.

Viele Lehrer*innen beklagen zu wenig **Motivation, Frustrationstoleranz und Durchhaltevermögen** der Lernenden. Machen Sie sich klar, dass Begeisterung viel leichter entsteht, wenn ich **mein „Warum"** kenne. Eine Schülerin, die unbedingt Kinderärztin werden möchte, weiß, dass sie dafür ihr Abitur benötigt, und zieht daraus die Motivation, sich auch für Fächer anzustrengen, die ihr eigentlich weniger Spaß machen.
Andere Jugendliche fühlen sich durch die Frage nach ihren Berufswünschen unter Druck gesetzt. – Und können Sie es Ihnen verdenken? In einer Zeit, in der sich alles blitzschnell ändert, in der uns alle Möglichkeiten offenstehen, in der wir weltweit und ortsunabhängig arbeiten können, in der wir aber auch durch Massenentlassungen und die Erwartung eines nicht-linearen Lebenslaufes verunsichert werden, kann die Auswahl wirklich überfordern.
Deshalb möchte ich Ihnen in diesem Kapitel Übungen an die Hand geben, mit denen Sie Ihre Schüler*innen in **kreativer, spielerischer Form** beim Kreieren ihres **Traumlebens** begleiten können und ihnen zeigen können, dass es dabei nicht um Perfektion, sondern die Magie der kleinen Schritte geht. Und vielleicht erlauben Sie sich selbst ja auch mal wieder, groß zu träumen und in beruflicher oder privater Hinsicht **über sich selbst hinauszuwachsen**.

Und schon erleben wir **Zukunftsorientierung**. Diese letzte Säule der Resilienz ist eigentlich eine logische Konsequenz aus den vorherigen. Wenn ich das Gegenwärtige akzeptieren kann, in Eigenverantwortung meinen Einflussbereich ausgelotet habe und mithilfe meines Netzwerkes die nächsten Schritte hin zu einer Verbesserung geplant habe, ist es als Kapitän*in meines Lebens nun meine Aufgabe, auch wirklich *„Leinen los!"* zu rufen, loszusegeln und **meine Zukunft aktiv zu gestalten**. Zugegeben, der erste Schritt kostet Mut, aber durch die Übungen in diesem Buch haben Sie den Mut-Muskel Ihrer Schüler*innen schon trainiert, und nicht vergessen: Der erste Schritt ist der schwerste, danach wird es immer leichter. Und: Wenn ein Ziel wirklich attraktiv ist, ist es schwerer, den Schritt nicht (!) zu gehen. Übernehmen Sie also das Steuer, segeln Sie **Ihrer Vision entgegen**. Sie dürfen frühere Enttäuschungen oder Misserfolge am Hafen zurücklassen, um unbeschwert zu neuen Ufern aufzubrechen.

Gerade weil unser Gehirn in Bildern denkt, sind sogenannte „Vision Boards" oder auch „Dream Boards" ein wunderbares Werkzeug, um die eigenen Visionen und Wünsche bewusst zu machen und beispielsweise durch Bilder aus dem Netz oder aus Zeitschriften, durch Zitate, Schlüsselwörter etc. zu visualisieren. Sie können eine Collage zu einem bestimmten Lebensbereich, wie Schule oder Beziehung, gestalten oder mehrere Lebensbereiche in einem Werk zusammenfassen. Wichtig ist es, ein „Vision Board" so zu platzieren, dass es im Alltag sichtbar ist, sodass das Gehirn anfangen kann, nach Wegen zu suchen, diese Bilder Wirklichkeit werden zu lassen.

Mit Blick auf die Arbeit mit Schüler*innen können Sie die Anfertigung eines Vision Boards als ein längerfristiges Vorhaben anlegen oder einen Projekttag dafür nutzen.

Die Lebenstorte

Material	✓ Tafel und Kreide oder eine vergleichbare Visualisierungsmöglichkeit ✓ Ein weißes Blatt Papier (DIN A4) und Buntstifte, evtl. ein Zirkel oder andere geeignete „Schablonen“ (z. B. einen Pappteller, eine Teekanne, eine runde Aufbewahrungsdose ...) für jede*n Schüler*in
Zielsetzung und Einsatzmöglichkeiten	✓ Selbstreflexion über die Zufriedenheit mit dem eigenen Leben ✓ Zielorientierung durch Identifikation von individuellen Wachstumschancen

Vorbereitung

Überlegen Sie, ob die vorgeschlagenen Lebensbereiche für Ihre Klasse angemessen sind oder ob Sie Veränderungen vornehmen möchten.

Hinführung

Beginnen Sie, indem Sie den Schüler*innen die folgende Frage stellen: *„Stellt euch vor, jemand in eurem Alter führt ein außergewöhnlich glückliches Leben. Welche Lebensbereiche sind dann erfüllt?“*
Einigen Sie sich auf sechs bis acht Lebensbereiche, die an der Tafel fixiert werden. Geeignet für diese Übung sind etwa die folgenden Lebensbereiche:

- ⇨ Freundschaften und Beziehung
- ⇨ Familie
- ⇨ Sport und Gesundheit
- ⇨ Hobbys und Freizeitgestaltung
- ⇨ Schule
- ⇨ Geld
- ⇨ Mein Zuhause/mein Zimmer
- ⇨ Religion und Spiritualität
- ⇨ Kreativität

Durchführung

Bitten Sie die Schüler*innen, einen Kreis als Torte auf ein Blatt Papier zu zeichnen und dort die gemeinsam gesammelten Lebensbereiche als Tortenstücke (alle gleich groß) einzuzeichnen.

In einem nächsten Schritt überprüft jede*r für sich den Grad der eigenen Zufriedenheit mit dem jeweiligen Tortenstück und malt es von der Mitte ausgehend entsprechend aus. Liegt die Zufriedenheit bei 50 Prozent, dann wird das Tortenstück bis zur Hälfte ausgemalt etc. Anschließend notiert jede*r ausgehend von einer Skala von 1–10, für wie wichtig die einzelnen Tortenstücke des Lebens persönlich erachtet werden.

Ermutigen Sie die Schüler*innen nun, ehrlich hinzuschauen:
„In welchem für dich wichtigen Lebensbereich steckt noch besonders viel Raum für positive Veränderung? Markiere ihn mit einem Sternchen.
Wenn du in diesem Lebensbereich eine größere Zufriedenheit erfahren würdest, was wäre dann anders? (Beispiel ‚Gesundheit' ➡ ‚Ich möchte mehr Ausdauer haben.') Male dir in Gedanken in den schönsten Farben aus, wie dein Leben dann wäre. Wie würdest du dich dann fühlen? Wie würdest du dich bewegen, sprechen? Wie wäre deine Ausstrahlung?

Notiere jeweils drei Schritte, die dich diesem Ziel näher bringen.
(Beispiele: ‚Ich esse zwischen den Mahlzeiten nur noch Obst'; ‚Ich fahre mindestens dreimal pro Woche mit dem Fahrrad zur Schule'; ‚Ich jogge dreimal pro Woche für mindestens zwanzig Minuten im Park')"

Optionale Kurzreflexion

- ⇨ Womit bist du besonders zufrieden?
- ⇨ Wie zufrieden bist du insgesamt mit deinem Leben?
- ⇨ Über welches Lebenstortenstück hast du dir bisher kaum Gedanken gemacht?
- ⇨ Was möchtest du konkret verbessern?
- ⇨ Welche Erkenntnis erscheint dir hierbei besonders wichtig?
- ⇨ Wobei und von wem benötigst du Unterstützung?

Mein Wertekompass

Material

- ✓ Tafel und Kreide oder eine vergleichbare Visualisierungsmöglichkeit
- ✓ Ggf. ein Kompass oder Bild eines Kompasses
- ✓ Werteübersicht zur Visualisierung (siehe „Durchführung"), idealerweise als Kopie in Klassenstärke
- ✓ Ein weißes Blatt Papier (DIN A4) und ein Stift für jede*n Schüler*in

Zielsetzung und Einsatzmöglichkeiten

- ✓ Kennenlernen der eigenen Persönlichkeit mit ihren individuellen Werten
- ✓ Befähigung zum Treffen kraftvoller Entscheidungen
- ✓ Handeln im Einklang mit den eigenen Werten

Vorbereitung

Bereiten Sie eine Werteübersicht als Kopiervorlage vor (siehe „Durchführung).

Hinführung

Zeigen Sie den Schüler*innen einen Kompass bzw. das Bild eines Kompasses oder zeichnen Sie ein entsprechendes Bild an die Tafel. Besprechen Sie den Zweck eines Kompasses und kündigen Sie an, dass die Schüler*innen heute selbst einen verlässlichen Kompass für ihren Lebensweg entwerfen werden.

Durchführung

Zeigen Sie den Schüler*innen eine Werteübersicht, z. B. mit den folgenden Werten:
Abenteuer, Aufregung, Ausdauer, Beständigkeit, Ehrlichkeit, Ehrgeiz, Einzigartigkeit, Entspannung, Erfolg, Freiheit, Freude, Freundschaft, Gerechtigkeit, Gesundheit, Glaube, Glück, Humor, Kreativität, Lebensfreude, Liebe, Luxus, Macht, Mitmenschlichkeit, Offenheit, Ordnung, Schönheit, Sicherheit, Treue, Vertrauen, Wertschätzung, Wohlbefinden, Wohlstand, Zuverlässigkeit ...
Ermutigen Sie die Schüler*innen, eigene Ergänzungen vorzunehmen.

Lassen Sie die Schüler*innen im ersten Durchgang diejenigen Werte unterstreichen, die sich für sie besonders stimmig anfühlen, wenn sie dieses Wort innerlich „aussprechen". Im nächsten Schritt reduzieren die Schüler*innen diese Werte ggf. weiter, indem sie diese gegeneinander im Wettstreit „antreten" lassen. Sind die ersten beiden unterstrichenen Werte beispielsweise „Sicherheit" und „Vertrauen", überprüfen sie, welcher Wert das stärkere (positive) Gefühl vermittelt. Ist es „Vertrauen", dann wird jetzt „Vertrauen" mit dem nächsten unterstrichenen Wert verglichen. Ist dieser stärker als „Vertrauen"? Dann geht es mit ihm weiter, ansonsten wird „Vertrauen" wiederum dem nächsten Wert gegenübergestellt usw.
Die Schüler*innen ermitteln so ihre **vier zentralen Werte**. Sie zeichnen einen Kompass, wobei ihnen das Bild aus der Hinführung eine Orientierung bietet. An die vier Himmelsrichtungen schreiben sie jeweils einen ihrer vier zentralen Werte, wobei es unerheblich ist, welcher Wert welcher Himmelsrichtung zugeordnet wird.

Finden Sie gemeinsam mit den Schüler*innen ein Beispiel für eine schwierige Entscheidung und prüfen Sie, inwieweit die unterschiedlichen Kompasse unterschiedliche Wege/Ziele empfehlen. Stellen Sie klar, dass es hierbei kein „besser" oder „schlechter" gibt, sondern dass die Werte individuell sind.

Optionale Kurzreflexion

- Warum ist es wichtig, die eigenen Werte zu kennen?
- Wie kann dir dein Kompass bei einer schwierigen Entscheidung helfen?
- Ist es immer möglich, nach meinen Werten zu leben? Wie kann ich damit umgehen, wenn sie den Werten einer anderen Person entgegenstehen?

Auf direktem Umweg zum Ziel

Material Es sind keine Materialien notwendig.

Zielsetzung und Einsatzmöglichkeiten
- ✓ Abbau von Druck und Angst bei der Berufsorientierung
- ✓ Ermutigung zum Finden des eigenen Weges
- ✓ Besonders für ältere Schüler*innen (ab Klasse 8) geeignet

Vorbereitung Es ist keine Vorbereitung notwendig.

Hinführung Bitten Sie die Schüler*innen, per Handzeichen die folgenden Fragen zu beantworten: *„Wie viele von euch wissen schon, was sie werden möchten?"* ... *„Wie viele von euch wurden schon einmal von Eltern, Verwandten und Bekannten danach gefragt, was sie werden möchten?"* ... *„Wie viele von euch haben diese Frage schon mindestens einmal gehasst?"*
Bedanken Sie sich für die Offenheit Ihrer Schüler*innen und kündigen Sie an, diesem Phänomen heute einmal genauer nachzuspüren.

Durchführung Diskutieren Sie mit den Schüler*innen, warum „den Erwachsenen" diese Frage so wichtig ist und welche Gefühle sie auslösen kann. Neben der Sorge der Eltern werden hier sicherlich auch die Sorge vor einer Fehlentscheidung oder die Überforderung genannt werden.
Lesen Sie dann selbst die folgende (fiktive) Situationsbeschreibung vor oder bitten Sie jemanden, dies zu tun. Die anderen Schüler*innen erhalten einen der beiden folgenden **Höraufträge**:

1. *„Was genau bedrückt die 17-jährige Svenja?"*
2. *„Welche Erkenntnisse helfen Svenja?"*

*„Au Backe – bald habe ich meinen Schulabschluss in der Tasche – zumindest hoffe ich das... Auf der einen Seite finde ich das toll, denn die Schule nervt mich manchmal sehr. Auf der anderen Seite häufen sich die Fragen, was ich denn danach machen möchte. Dabei habe ich darauf echt keine Antwort!! Am Anfang dachte ich noch: ‚Boah, das ist doch noch ewig hin!', aber inzwischen sind es weniger als sechs Monate. Viele meiner Klassenkamerad*innen haben schon richtig genaue Vorstellungen entwickelt: Sie haben sich für ein freiwilliges soziales Jahr gemeldet, wollen für ein Jahr ins Ausland gehen oder haben einen Ausbildungsplatz gefunden.*
Ich werde studieren. Das war meinen Eltern immer schon sehr wichtig. Meinetwegen. Aber was? Und wo?? Die Auswahl erschlägt mich förmlich und ich habe große Angst, eine Fehlentscheidung zu treffen... Unter manchen Studiengängen kann ich mir auch gar nichts vorstellen. Und wenn ich nicht genau weiß, was ich später einmal werden soll, wie kann ich mich da für einen passenden Studiengang entscheiden?

Im Internet habe ich viele Tipps gelesen... ‚Was hat dir als Kind besonders viel Spaß gemacht? Wo liegen deine persönlichen Stärken? In welchen Fächern bist oder warst du gut?'... Geschichte mochte ich immer besonders gerne. Aber was, wenn das Studium dann staubtrocken ist!?

Puh... Ich muss mich beruhigen... Schließlich unterschreibe ich ja keinen Vertrag für den Rest meines Lebens! Ich habe viele ältere Bekannte, von denen beinahe niemand gleich wusste, was er oder sie werden wollte. Viele haben noch einmal den Studiengang oder den Beruf gewechselt. Oder sie haben gemerkt, dass ein Beruf sie nicht ausfüllt, oder sie haben irgendwann neue Talente und Interessen bemerkt, die sie beruflich nutzen wollten. Natürlich konnten sie das Wissen und die Erfahrungen aus anderen Studiengängen oder Berufen auch weiterhin nutzen.

*Trotzdem möchte ich natürlich nicht zwanzig Studiengänge abbrechen… Deshalb finde ich den Tipp von meiner Klassenlehrerin sehr hilfreich. Sie hat uns verschiedene Möglichkeiten vorgestellt, vorab Informationen zu einem Studiengang oder einem Ausbildungsplatz einzuholen, um eine fundierte Entscheidung treffen zu können. So bieten viele Universitäten z. B. Schnuppertage bzw. einen Tag der offenen Tür oder Sprechstunden an. So kann man sich eine Universität anschauen, einen Eindruck von Abläufen und der Atmosphäre der Seminare und Vorlesungen gewinnen und mit Studierenden und Dozent*innen ins Gespräch kommen.*
Ähnliche Möglichkeiten gibt es für Auszubildende: Sie können ein Schnupperpraktikum absolvieren oder um ein Gespräch mit jemandem von der Firma bitten. Vielleicht gibt es ja im Bekanntenkreis auch jemanden, der den Beruf bereits ausübt? Dann kann man sich vorher gezielt Fragen überlegen, z. B. zu Vor- und Nachteilen des Berufes, speziellen Anforderungen etc.
*Allgemein beraten natürlich auch die Zentrale Studienberatung oder die Bundesagentur für Arbeit. Lehrer*innen können da sicher einen Kontakt herstellen. Ich selbst recherchiere die Kontaktmöglichkeiten ja lieber im Internet.*
Wisst ihr, was? Mir geht es jetzt schon viel besser…"

Besprechen Sie abschließend die beiden Höraufträge. Ermutigen Sie die Schüler*innen, weitere Ideen und Empfehlungen für Svenja einzubringen.

Optionale Kurzreflexion

⇨ Welche Entscheidungshilfen nutzt du bei deiner Berufswahl?
⇨ Welche Sorge überwiegt bei dir mit Blick auf diese Entscheidung?
⇨ Wie kannst du ihr begegnen? Welcher Tipp von Svenja passt für dich am besten?

Mein 30. Geburtstag

Material
- ✓ Ein weißes Blatt Papier (DIN A4) und ein Stift für jede*n Schüler*in

Zielsetzung und Einsatzmöglichkeiten
- ✓ Entwicklung von Vorfreude auf die eigene Zukunft
- ✓ Erkennen der Auswirkungen des heutigen Handelns auf die Zukunft
- ✓ Befähigung zum Treffen kraftvoller Entscheidungen für die eigene Zukunft
- ✓ Einsatz im Rahmen der Berufsorientierung möglich

Vorbereitung

Lesen Sie sich den Text der Übung zunächst selbst durch und finden Sie ein angemessenes Tempo und eine beruhigende Sprechweise.

Hinführung

Steht Ihnen für diese Übung mehr Zeit zur Verfügung, können Sie den ersten Schritt auch für eine längere Meditation nutzen. Anschließend sollte jedoch genug Zeit für die Schreibübung bleiben.

Bitten Sie die Schüler*innen, für einen Moment die Augen zu schließen.

„Du gehst durch eine Tür und befindest dich auf einer großen Party. Musik läuft, es gibt ein Buffet und überall siehst du fröhlich feiernde Gäste. Der Raum ist geschmückt mit Girlanden und Luftballons mit der Zahl 30. Du siehst dich um und machst dich auf den Weg, um das Geburtstagskind zu suchen…

Als du dich dem Geburtstagskind näherst, fällt dir auf, das bist ja du! Ihr lächelt euch an. Du setzt dich auf einen Stuhl und schaust dir ganz interessiert dein 30-jähriges Ich an. Wie sieht es aus?… Wie ist es gekleidet?… Wie bewegt es sich?… Wer sind die Partygäste?… Wie genau ist die Stimmung?… Du verabschiedest dich von deinem 30-jährigen Ich. Hat es dir noch etwas zu sagen?“ …

Beenden Sie langsam die Übung, indem sie zu etwas Bewegung und vertiefter Atmung anleiten und die Augen wieder öffnen lassen.

Durchführung

Vertiefen Sie die Erfahrung aus der Meditation, indem Sie die Schüler*innen bitten, noch mit den Eindrücken dieser Party verbunden zu bleiben, während sie einen der beiden folgenden Schreibaufträge bearbeiten: *„Schreibe eine kurze Geburtstagsrede zu deinem 30. Geburtstag – entweder aus Sicht des Geburtstagskindes oder eines Partygastes deiner Wahl. Frage dich dabei: Was wird meinem 30-jährigen Ich wichtig sein? Was werden andere bezogen auf mich erwähnenswert finden? Wie ist die Stimmung der Rede (z. B. feierlich, lustig)?"*
Falls die Zeit nicht ausreicht, kann der Schreibauftrag zu Hause fortgeführt werden. Es ist wünschenswert, dass das Schreiben dieser Rede für die Schüler*innen eine positive, freudvolle Erfahrung wird, da sie so Motivation für die aktive Gestaltung ihrer Gegenwart und Zukunft generieren können.

Optionale Kurzreflexion

- ⇨ Wie war es für dich, dein 30-jähriges Ich zu sehen? Hat dich etwas überrascht?
- ⇨ Hatte dein 30-jähriges Ich eine Botschaft für dich?
- ⇨ Wenn du etwas Schönes gesehen hast: Was kannst du tun, damit es Realität wird? Was ist wichtig für dich?
- ⇨ Wenn dir das Gesehene nicht gefallen hat: Was wünschst du dir stattdessen? Was kannst du (heute/im nächsten Jahr/ ...) ändern, um dein Wunschergebnis zu erzielen? Welche Unterstützung benötigst du dafür? Wie könnte der erste Schritt aussehen?

Medientipps

Bernier, Lucy; Lenghan, Robert:
Die Strichmännchen-Technik
Für emotionale Selbstheilung, Lösung aus Abhängigkeiten und für gute Beziehungen – nach Jacques Martel.
VAK Verlags GmbH:
Kirchzarten bei Freiburg, 2017
ISBN: 978-3-86731-202-8

Freimuth, Joachim; Haritz, Jürgen:
Der Pygmalion-Effekt in der Personalführung
In: WiSt – Wirtschaftswissenschaftliches Studium. Heft 6 – Ausgabe 2009
Verlag Beck: München, 2009

Hartmann, Alexander:
Mit dem Elefant durch die Wand
Wie wir unser Unterbewusstsein auf Erfolgskurs bringen. Eine Gebrauchsanweisung.
Ariston: München/Kreuzlingen, 2015
ISBN 978-3-424-20112-3

Heller, Jutta:
Resilienz – 7 Schlüssel für mehr innere Stärke
Gräfe und Unzer Verlag GmbH:
München, 2013
ISBN 978-3-8338-2735-8

Holzrichter, Thurid:
Selbstfürsorge als Basis der Lehrergesundheit
Strategien, Tipps und Praxishilfen.
Verlag an der Ruhr:
Mülheim an der Ruhr, 2016
ISBN 978-3-8346-3077-3

Kriebs, Simone:
Resilienz in der Schule
Junfermann Verlag: Paderborn, 2019
ISBN 978-3-95571-805-3

Kurt, Aline:
Balsam für die Seele
60 Affirmationskarten für mehr Motivation und Gelassenheit im Schulalltag.
Verlag an der Ruhr:
Mülheim an der Ruhr, 2019
ISBN 978-3-8346-4150-2

Ludin, Walter:
Einfach ins Blaue: Aphorismen
Brunner Druck + Medien: Pforzheim, 1998
ISBN 978-3905198416

Rosenthal, Robert; Jacobson, Lenore:
Pygmalion im Unterricht
Lehrererwartungen und Intelligenzentwicklung der Schüler.
Beltz: Weinheim, 1971
ISBN: 978-3-407-18267-8

Schweppe, Ronald; Long, Aljosha:
Füttere den weißen Wolf
Weisheitsgeschichten, die glücklich machen.
Kösel-Verlag: München, 2016.
ISBN 978-3-466-34538-0

Seiler, Laura Malina:
Mögest du glücklich sein
Entdecke dein höheres Selbst und verbinde dich mit deiner inneren Kraft.
Komplett-Media: München, 2017
ISBN 978-3-8312-0456-4

INTERNET

https://thework.com/sites/de/
Internetangebot von Byron Katie zu ihrem Ansatz „The Work"